Gerd Dehmpl

Rita Henß

Elsass

W0075184

DUMONT Reisen für
Genießer

Inhalt

Rund um Colmar

Rund um Mulhouse

Winstuben und Restaurants

Zwischen Wissembourg und Saverne

Rund um Strasbourg

Rund um Colmar

Rund um Mulhouse

Einkaufen

Kulinarischer Sprachführer   *163*

Elsass
ein Garten für Genießer

Rotgolden schimmert das Reblaub, durch den Morgennebel flirren die ersten Sonnenstrahlen und der Waldboden beginnt von der Tageswärme zu dampfen. Herbst im Elsass. Für viele ist es die schönste Zeit, diese Region zu besuchen. Die Traubenlese hat begonnen und bald feiern die Winzerorte den jungen Wein. Musik erklingt, die traditionellen Trachten schwingen beim Tanz und der Duft von frischem Flammekueche steigt verführerisch in die Nase.

Im Sommer indes sitzt man, vom Wandern oder Radfahren ermattet, in fröhlicher Runde bei einem Stück Munsterkäse an den Holztischen vor einem Berggasthof, lässt sich im Schatten mächtiger Kastanien auf der Terrasse einer Winstub den Riesling munden oder genießt Kaffee und Eau-de-Vie im Garten eines Gourmetrestaurants. Der Weißkohl für das berühmte Choucroute steht bereits appetitlich in den Feldern und aus den Storchennestern auf den Dächern reckt sich so manch junger Schnabel.

Das Frühjahr umwirbt den Elsass-Reisenden mit den zarten Blütenschleiern der Obstbäume, deren Früchte exquisite Konfitüren und Brände ergeben; im Winter putzt es seine historische, in heiterem Gelb, Blau oder Rot getünchte Fachwerkpracht mit Schleifen, Kränzen und Flitter festlich heraus für die Advents- und Weihnachtszeit.

Noch geheimnisvoller als sonst wirkt im Dämmer dieser kurzen, kalten Tage die Riege der mittelalterlichen Kloster- und Burgruinen am Fuß der Vogesen und wenn man mit seinen Skiern zurückkehrt von den Pisten oder aus den Loipen am Champ de Feu, um Gérardmer oder La Petite Pierre, freut man sich umso mehr auf die freundliche Wärme eines bulligen Kachelofens, der in so manchem Landgasthof noch im Speiseraum oder gar im Zimmer steht.

Diese Bilder des ländlichen Elsass trägt wohl jeder im Herzen, wenn er leuchtenden Auges von der Region spricht, der kleinsten übrigens von ganz Frankreich. Vor dem inneren Auge erscheint die Kette der sanft aus der Ebene aufsteigenden Weinberge, in denen aus sonnenverwöhnten Trauben ganz besondere Weine reifen. Er sieht die schmucken Dörfer mit ihren jahrhundertealten, kunstvoll verzierten Häusern, wuchtigen Mauern und Toren, die sich um spitztürmige Kirchen drängen: Zeugen einstiger kirchlicher Machtentfaltung in dieser sowohl von der französischen wie auch von der deutschen Kultur geprägten Gegend. Er denkt an die stillen Täler, in denen die Schnapsbrenner zu Hause sind und die Käsebauern, an die silbrig glänzenden Fischteiche des Sundgaus, die Tabakfelder des Ried und an die blaugrünen Gletscherseen zwischen dem Col de Bonhomme und dem Col de la Schlucht.

Im Sommer und zur Weinlese trüben zwar gelegentlich Touristenmassen die ländliche Idylle, doch beschränkt sich ihr Ansturm meist auf Aussichtpunkte wie die Hochkönigs-

Strasbourgs Altstadtviertel ›Petite France‹ bietet nicht nur dem Auge Genuss

burg oder den Odilienberg mit seinem Wallfahrtskloster, die Töpferdörfer Betschdorf und Soufflenheim im Norden des Bas Rhin und auf die architektonischen Perlen der Route du Vin die sich fast 170 km durch malerische Reblandschaften windet: Obernai, Ribeauvillé, Riquewihr, Kaysersberg, Turckheim und Eguisheim.

Deren Neben- und Miteinander verschiedener Baustile – der Bogen spannt sich von der Romanik bis ins 19. Jahrhundert – findet sich auch im Herzen der Städte: die Europa-Metropole Strasbourg mit dem herrlichen gotischen Münster, den prunkvoll verzierten Renaissancehäusern, prächtigen Barockpalästen, mittelalterlichen Stadttürmen und der wilhelminischen Neustadt. Oder das romantische Colmar, dessen von flachen Kanälen und Brücken durchzogenes Zentrum ein wahres Freilichtmuseum spätmittelalterlicher und Renaissance-baukunst ist. Selbst Mulhouse, die traditionsreiche Industriekapitale, birgt nicht nur renommierte ›technische‹ Museen, sondern auch exquisite bau-

liche Zeugnisse vergangener Epochen. Auch Saverne, das ruhigere Sélestat sowie das grenznahe Haguenau und Wissembourg weisen sehenswerte historische Zentren auf.

Diese Dörfer, Orte, Städtchen sind aber nicht nur kulturhistorisch lohnende Ausflugsziele. Sie bilden auch die reizvolle Kulisse herzlicher Gastlichkeit: von der alten Mühle, die umgebaut wurde zu einem charmanten kleinen Hotel, über die elegante Landvilla mit Gästezimmer bis hin zum historischen Bauernanwesen, das jetzt sowohl Gourmetrestaurant als auch stilvolle Bleibe umfasst. Und wer den Genuss einer sowohl deftigen als auch raffinierten Küche, das Vergnügen an Wein und edlen Bränden paaren will mit körperlicher Aktivität, der findet außer einem ausgedehnten Netz von Rad- und Wanderwegen, Loipen und Pisten im Elsass eine Fülle weiterer Möglichkeiten auf dem Golf- oder Tennisplatz, auf dem Rücken eines Pferdes oder frei schwebend in den Lüften. Willkommen im Garten Elsass.

Landhotels & Gästezimmer

Landhotels & Gästezimmer

*E*lsässische Gastfreundschaft hat viele Facetten. Das Unterkunftsangebot reicht vom Chambre d'hôte, dem schlichten privaten Gästezimmer, bis zum Luxushotel mit edlem Designermobiliar und überaus großzügigem Wellness-Bereich. Doch

selbst die Nobelherbergen, darunter auch jene, die zu dem Verband Relais & Château gehören, haben meist eine überschaubare Größe und werden häufig noch von einem Familienverband geführt. So lernt der Gast bei seinem Aufenthalt den Chef – in vielen Fällen zeichnet er verantwortlich für die Küche – und die Chefin – meist zuständig für Empfang und Service – rasch persönlich kennen. Wie auch in anderen ländlichen Regionen Frankreichs sind die Unterkünfte der gehobenen Art allerdings in der Minderzahl.

Das Hotelangebot des Elsass konzentriert sich vielmehr auf die Drei- und Zweisterne-Kategorie. Fast die Hälfte dieser Häuser tragen das Kaminsymbol, d. h. sie gehören zu der Vereinigung Logis de France. Sie stehen im Ruf, klein und recht einfach zu sein. Doch immer wieder entpuppt sich eines dieser als bescheiden klassifizierten Hotelchen vor Ort als stilvolles, großzügiges Refugium.

Herrliche Zimmer mit Natursteinwänden, ausgefallenen Badlösungen
und viel warmem Holz haben sich da
beispielsweise zu den charmanten alten Katen gesellt, die bereits die Eltern der jetzigen Besitzer vermieteten.

zend Zimmer umfassen diese reizvol-
len Häuser hinter ihrer vornehmen
Villenfassade oder in sorgsam restau-
riertem, historischen Fachwerk. Fern
jeglicher Hektik liegen sie, oft umgeben von üppigen Gärten, im Herzen

Auch die lauschigen Gestade der Ill laden zu Schlemmer- und Schlummerfreuden

Gerade in vielen Kleinbetrieben hat
sich in den vergangenen Jahren ein
Generationswechsel vollzogen – und
mit ihm zog frischer Wind durch die
traditionsreichen Gemäuer. Manchmal erzählen sie noch von einer industriellen Vergangenheit, wie etwa die
Mühlenhotels. Andere wiederum atmen noch immer die Noblesse von
einst, als sie Landschloss oder Jagdsitz
adliger Familien waren. Sogar in ehemaligen Abteien und Poststationen
kann man heute schlummern. Bei den
kleinsten Unterkünften fällt es oft
schwer zu unterscheiden: ist das noch
ein Hotel oder schon ein *chambre d'ho-
tes* – oder ist man gar zu Gast bei
Freunden? Nur knapp ein halbes Dut-

eines stillen Dorfes, am Saum des
Waldes oder inmitten von Rebhügeln.
Wenn man Glück hat, kochen die Besitzer auch selbst und laden ihre Gäste zur *table d'hôte*. Mehr als 500 Hotels und eine ähnliche große Zahl von
Privatunterkünften hat das Elsass zu
bieten. Ich habe mich bei meiner Auswahl hauptsächlich für jene Häuser
außerhalb der großen Städte entschieden, die nicht nur durch ihr charmantes oder außergewöhnliches Ambiente bestechen, sondern auch durch
ihre Lage eine Fülle von Ausflugs-,
Besichtigungs-, Sport- und natürlich
Genussmöglichkeiten bieten, sowohl
in Sachen Gastronomie wie auch hin-
sichtlich des Weines.

Maison Ungerer

Karte: G 1
3, rue de Hoffen
67250 Hunspach
Tel. 03 88 80 59 39
Fax 03 88 80 41 46
E-Mail: maison-ungerer@wandoo.fr
Kreditkarten: alle gängigen
Geöffnet: ganzjährig

Preise: DZ ab 45 € inkl. Frühstück, zuzügl. 0,60 € Kurtaxe, Wochenende (2 Übernachtungen) im Duplex-Apartment für zwei bis vier Personen 105–150 €, Wochentarife 200–380 €.

Anfahrt: Autobahn Mannheim–Karlsruhe bis Abfahrt Kandel, weiter über Wissembourg auf der D 263 nach Süden bis zur Kreuzung Seebach/Hunspach. Das Maison Ungerer liegt am Rand der Ortsmitte, in Richtung Hoffen.

Das Hotel: Outre-Forêt heißt auf französisch die abwechslungsreiche Ackerlandschaft zwischen Wissembourg und dem Haguenauer Forst im nordelsässischen ›Unterland‹. Eingebettet in ein sanftes Hügelpanorama leuchtet das Gelb der Rapsfelder um die Wette mit dem Grün der Wiesen und kleinen Wälder. Dazwischen liegen wieder schmucke Dörfer mit ihren charakteristischen, von dunklem Fachwerkgebälk akzentuierten weißen Häusern – die Farbe des protestantischen Glaubens. Eines der schönsten Dörfer ist das nur 700 Einwohner zählende Hunspach, das bereits als Filmkulisse diente: für die Leinwandfassung der Geschichte von ›Ami

Fritz‹, der seit dem 19. Jh. ›den Elsässer an sich‹ verkörpert.

Am östlichen Rand von Hunspach steht das Maison Ungerer – ein großer, restaurierter Bauernhof aus dem 18. Jahrhundert. Seit zwei Jahrzehnten empfängt Sylvie Heiby hier Gäste: insgesamt sieben Ferienwohnungen wurden in dem historischen Gemäuer untergebracht; im Haupthaus, in der ehemaligen Scheune sowie im einstigen Schuppen. Die schlichten, blitzsauberen, komplett renovierten Zimmer und Kammern mit meist sichtbaren Balken bieten Platz für zwei bis acht Personen und werden – außer während der Schulferien – auch tageweise vermietet. Das Fachwerkensemble gruppiert sich um einen großen Hof mit kleinem Garten, in dem während der warmen Monate Tische und Stühle stehen. Bei ungünstiger Witterung kann man im gemütlichen Aufenthaltsraum des Haupthauses einen gemeinsamen Spiel-, Plausch- oder Fernsehabend verbringen. Wem das zu langweilig ist, der braucht nur im linken Hofgebäude anzuklopfen: Dort ist die Touristeninformation von Hunspach untergebracht, und den zuständigen Damen mangelt es nie an Tipps für Aktivitäten. Im Juli und August bietet auch das Maison Ungerer fast täglich ein Programm: Ausflüge, Abende mit Erzählungen, Liedern und Tänzen oder Besuche bei Kunsthandwerkern. In diesen Monaten logieren meist Schülergruppen oder Familien hinter der frischgetünchten Ungerer-Fassade mit den gewölbten Butzenscheiben, weißen Fensterläden und feuerroten Geranientöpfen.

Restaurants: Restaurant du Cerf und **Auberge à la Ligne Maginot** im

Ort selbst, **Restaurant de l'Ange** in Wissembourg (s. S. 98).

Aktivitäten: Im Haus können Fahrräder gemietet werden, etwa 50 m entfernt liegt ein Tennisplatz. An einigen Frühjahr- und Herbstwochenenden bietet Maison Ungerer ›Dorfwerkstätten‹ an – mit gastronomischem, handwerklichem oder kulturellem Schwerpunkt.

Ausflüge: Per Rad oder zu Fuß in den Naturpark Nordvogesen (ca. 3 km entfernt).

Besichtigung: Das Städtchen **Wissembourg** mit seinem pittoresken Quartier du Bruch, in dem das Maison de l'Ami Fritz aus der Renaissancezeit steht, dem Petite Venise sowie St-Pierre-et-St-Paul, einer der größten gotischen Kirchen des Elsass, und dem urigen Musée Westercamp lohnt einen Tagesausflug.

Wer sich mit der Geschichte des Zweiten Weltkriegs befassen möchte, kann in **Schoenenbourg** eine der

Tipp

Pfingströsser

Wissembourg feiert alljährlich zu Pfingsten ein großes Folklorefest mit farbenprächtigem Trachtenumzug, bei dem die in der Region gezüchteten Pferde besonders prachtvoll aufgezäumt und geschmückt werden.

wichtigsten Festungen der Maginot-Linie besichtigen. Auf einem 2,5 km langen Rundgang in 30 m Tiefe erhält man Einblick in die Ausstattung des Bunkers mit Elektrizitätswerk, Kanonenturm etc.

Auch im Nordelsass wächst **Wein** – der Tokay Karchweg z. B., der Riesling Kammerberg oder der Pinot Noir Huettgass. In der Cave Vinicole de Cleebourg kann man ihn probieren, Route des Vins, Tel. 03 88 94 50 33, geöffnet 8–12 (Sonntag erst ab 10 Uhr) sowie 14–18 Uhr.

Kein Wunder, dass solch schmucke Architektur schon als Filmkulisse diente

Anthon

Karte: E 1
40, rue Principale
67510 Lembach-Obersteinbach
Tel. 03 88 09 55 01
Fax 03 88 09 50 52
E-Mail: anthon2@wanadoo.fr
Kreditkarten: alle gängigen außer
American Express und Diners
Geöffnet: März bis Ende Januar
jeweils Donnerstag bis Montag

Preise: 46–56 €, Frühstück 9 €, Zusatzbett 9 €.

Anfahrt: Von der Autobahn Mannheim–Karlsruhe bis Abfahrt Kandel, über Wissembourg auf der D 3 circa 25 km in westlicher Richtung. Das Hotel liegt am Ortseingang neben der Kirche.

Das Hotel: Ein großzügiger, von uralten Bäumen beschatteter Parkplatz vor dem Haus – und dahinter versteckt, nur durch den Torbogen zu erreichen, eine weite, saftige Wiese. Zierliche weiße Holzbänke und filigrane Eisenmöbel, locker und in großen Abständen platziert, laden hier zur Rast – sei es mit einem Buch oder nur mit der eigenen Fantasie, die sich sowohl an den im Rücken aufragenden Sandsteinfelsen mit der Ruine der Petit Arnsbourg entzünden kann als auch an den efeuberankten, in einem kräftigen Ockerrot getünchten Mauern dieses romantischen Gasthofes, der bereits seit vier Generationen von derselben Familie betrieben wird.

Acht gemütliche kleine Zimmer liegen unter einem tiefgezogenen Dach, zwei davon mit hintereinanderstehenden Alkovenbetten aus honigfarbenem Holz, das mit dem königsblauen Teppichboden wunderbar harmoniert. In manchen der Schlafräume hat Hausherrin Danielle Flaig schon wieder die schönen alten Dielenböden zum Vorschein kommen lassen, auch der lichte Frühstücksraum und

Fast schon eins mit dem großzügigen Garten ist das Gemäuer des Traditionsgasthofs

der daneben liegende Salon zum Lesen und Fernsehschauen wurden von den Bodenbelägen befreit und zeigen wieder das ursprüngliche Holz. Die Bäder wurden geschickt in die historische Architektur integriert, mitunter bilden dunkle, frei liegende Balken einen hübschen Kontrast zu den weißen Fliesen. Sonnengelbe Stoff- und Wandfarben gepaart mit den hellen Planken oder naturfarbenen Kokosläufern verströmen in dem Bauernhaus am Fuße der Nordvogesen einen fast provenzalischen Charme. Hinzu kommen die kulinarischen Genüsse – denn das **Restaurant** Anthon ist eine ausgewiesene Feinschmeckeradresse. Der runde Gastraum mit großflächigen Fenstern vermittelt den Eindruck, als sitze man inmitten der Natur. Freundlich, aufmerksam und kenntnisreich (insbesondere, was die gut sortierte und moderat kalkulierte Weinkarte anbelangt) umsorgt der Service den hungrigen Gast, den eine leichte, frische Klassikerküche erwartet: Jakobsmuscheln mit Penne und Basilikum, saftige Rehnüsschen mit Steinpilzen (die Jagdgründe beginnen direkt hinter dem Haus), Zandercroustillant mit Sauerkraut – und zum Dessert Pfirsichsuppe mit Lindenblüten oder gebratene Birne mit eingelegtem Ingwer und Pistazieneis.

Restaurants in der Umgebung: Cheval Blanc in Lembach (s. S. 99), **L'Arnsbourg** in Baerenthal (s. S. 100), **Le Cygne**, Gundershoffen (s. S. 101).

Aktivitäten: Zahlreiche Wanderwege des Club Vosgien (Infostelle im Hotel Alsace Villages) führen direkt vom Ort in den Naturpark Nordvogesen; Reitzentrum am Ortsrand.

Tipp

Grenzenloser Markt

An einem der ersten beiden Oktobersonntage richtet Lembach alljährlich einen deutsch-französischen Bauernmarkt mit kulturellem Rahmenprogramm aus. 25 Produzenten bieten ihre Erzeugnisse an – Wurst, Wolle, Wein und Sekt, Mehl, Honig, Nudeln u. v. m. Es gibt Lamm- und Rindfleisch vom Grill, Handwerksvorführungen, alte Haustierrassen zum Anfassen und Livemusik.

Ausflüge: Um Obersteinbach liegt ein regelrechter Kranz von **Burgen:** Petit Arnsbourg, Wasigenstein, Froensbourg, Fleckenstein, Vieux Windstein, Nouveau Windstein, Wineck und Schoeneck.

Nur eine knappe halbe Stunde braucht man mit dem Auto in die berühmten Töpferdörfer **Soufflenheim** und **Betschdorf**. Wer sich für Kristallkunst interessiert wird bei Joseph Ferstler-Fischer in **Montbronn** fündig. Eine gute Auswahl an Porzellan und Glas bietet La Maison Berg in **Lemberg**.

Besichtigung: Im **Maison des Châteaux forts** erhält der Besucher Einblick in das Alltagsleben, die Geschichte und die Bauweise der in der Region liegenden Burgen; auch ein Kräutergarten nach mittelalterlichem Vorbild gehört zu der Einrichtung. (42, rue Principale, geöffnet von März bis Oktober jeweils So 14–17 Uhr bzw. Sa/So 15–18 Uhr, im Juli/August zusätzlich Mi 14–17 Uhr).

3
Moulin de la Wantzenau

Karte: F 4
2 et 3 impasse du Moulin
67610 La Wantzenau
Tel. 03 88 59 22 22
Fax 03 88 59 22 00
E-Mail: moulin-wantzenau@
wanadoo.fr
www.moulin-wantzenau.com
Kreditkarten: alle gängigen
Geschlossen 24. Dezember bis 3. Janu-
ar; Restaurant an Sonn- und Feier-
tagen sowie drei Wochen im Juli

Preise: DZ 59–75 €, Duplex 90 €, weitere Person im Zimmer 18 €, Frühstück 9 €, Hund, Katze 6 € / Tag, Halbpension 63–145 € pro Person.

Anfahrt: Auf der Autobahn A 4 aus Richtung Haguenau bis zur Ausfahrt 49 Reichstett/La Wantzenau, dann durchs Ortszentrum Richtung Strasbourg – 1 km hinter dem Ortsende ausgeschildert. Von Strasbourg auf der D 468 nach Norden in Richtung Gambsheim.

Das Hotel: Bis ins Mittelalter geht die Geschichte dieses Anwesens vor den Toren von Strasbourg zurück – und bereits im 17. Jahrhundert taucht zum ersten Mal dabei der Name der Familie Clauss auf. Seit 1854 verbindet er sich nunmehr ohne Unterlass mit der Mühle. Zunächst Pächter, dann Besitzer ist Mitte des 19. Jahrhunderts der Müller Sébastion Clauss, Ururgroßvater des Geschwistertrios, das heute die Geschicke der Moulin de la Wantzenau leitet. Nach einem

Großbrand ließ Monsieur Sébastien alle Gebäudeteile wieder errichten und fügte zu Hanfreibe, Wohnhaus und dem eigentlichen Mühlengebäude ein Sägewerk hinzu. Seine Gemahlin, Catherine, eröffnete auf dem bis heute von Wiesen und Weiden umgebenen Hofgelände zudem eine Gastwirtschaft. Sie mauserte sich bald zu einem beliebten Ausflugsziel – und das ist sie noch immer, in eleganterem Rahmen allerdings und geprägt von der marktorientierten Traditionsküche des Ururenkels Philippe, der unter anderem Erfahrungen in London sammeln konnte.

Während des Zweiten Weltkrieges lag die Mühle von Wantzenau abermals in Schutt und Asche – diesmal durch Artilleriebeschuss. Deutsche Behörden veranlassten den Wiederaufbau und so konnten Alfred und Victorine Clauss sie bis 1966 betreiben; drei Jahre später drehten sich die mächtigen Mahlräder ein letztes Mal. Teile davon sowie andere Reminiszenzen an die frühere Aktivität haben Béatrice und Andrée Clauss geschickt in ihr kleines, 1981 eröffnetes Hotel integriert. Es erstreckt sich über die vier Etagen des backsteinernen Hauptgebäudes und ist geprägt von einer Mischung aus Tradition und Moderne.

Alle 20 Zimmer atmen den Charme von Laura-Ashley-Kreationen: Streifentapeten in blau, sonnengelb, rosé oder grün, jeweils gepaart mit weiß, dazu Bettüberwürfe und Vorhänge mit Blumenmuster in den gleichen pastelligen Tönen, helle Korbmöbel und cremefarbene Teppichböden. Bei vielen sieht man Partien des mächtigen Balkenwerks, sei es an der Decke, sei es als Stütze mitten im Raum. Die Zimmer mit Dusche (wie etwa die Nr. 9) sind recht klein, jene mit Bad wie zum Beispiel Nr. 7 und 13 bieten indes großzügige Flächen. In der vierten Etage wurde ein großzügiges Duplex (Nr. 20) eingerichtet mit offenem Halbgeschoss. In dem ebenfalls modern möblierten, zur Halle offenen Kaminsalon und im Frühstücksraum zeigen die beiden Damen Clauss regelmäßig Ausstellungen zeitgenössischer (Elsässer) Künstler; eine kleine Terrasse mit eleganten Eisenmöbeln vervollständigt das Angebot an Aufenthaltsmöglichkeiten. Dort kann man bei entsprechender Witterung auch das Frühstück einnehmen – mit verschiedenen ausgefallenen Teesorten, kleinem Guglhupf, frischem Obst und fast keinem Fitzelchen Plastikabfall; eine Seltenheit noch in französischen Unterkünften. Einzig der Joghurt wird noch im Becher angeboten, Butter, Marmelade, Honig, Müsli, Käse und Wurst indes unverpackt.

Restaurants: In La Wantzenau **A la Barrière** (s. S. 107) und **Le Pont de L'Ill** – wo man unter anderem wunderbare Meeresfrüchte probieren kann, und **Le Relais de la Poste** (s. S. 18f.). **La Ferme de Suzel** in Ringendorf (s. S. 102). Während der Spargelzeit lohnt der Besuch im **A la charrue** in Hoerdt; französische Traditionsküche und Krebsspezialitäten serviert die legendäre **Hostellerie L'Ecrevisse** in Brumath (s. S. 108).

Besichtigung: Das nur 12 km südlich gelegene **Strasbourg** mit seiner Altstadt und den verschiedenen Museen, dem berühmten Münster, dem Europaviertel mit dem weitläufigen Orangeriepark, dem Europaparlament und dem Palais für Menschenrechte.

Aktivitäten: Der Golfplatz von La Wantzenau liegt nur knapp fünf Autominuten entfernt.

Wenn auf dem Gartentisch das Mühlenmüsli steht, wird es bestimmt ein schöner Tag

Relais de la Poste

Karte: F 4
21, rue du Général de Gaulle
67610 La Wantzenau
Tel. 03 88 59 24 80
Fax 03 88 59 24 89
E-Mail: info@relais-poste.com
www.relais-poste.com
Kreditkarten: alle gängigen
Geschlossen: Hotel: drei Wochen im
Januar sowie eine Woche Ende Juli/
Anfang August, Ruhetage Restaurant:
Samstagmittag, Sonntagabend, Montag

Preise: DZ 69–122 €, Frühstücksbüffet 10 €, Zusatzbett 10 €/Tag, Tiere 13 €, Halbpension ab 122 € pro Person (inkl 5-Gang-Menü ohne Getränke). Spezialarrangements: Gourmetwochenende (2 Übernachtungen mit zwei Fünf-Gang-Menüs ohne Getränke) ab 229 € pro Person.

Anfahrt: Auf der Autobahn A 4 aus Richtung Haguenau bis zur Ausfahrt 49 Reichstett/La Wantzenau. Von Strasbourg auf der D 468 nach Norden in Richtung Gambsheim. Das Hotel liegt in der Ortsmitte.

Das Hotel: Im Jahr der Französischen Revolution, 1789, erbauen die Oberlé, eine der nobelsten Familien des schon in merowingischer Zeit besiedelten Fischerörtchens am Ufer der Ill, ihr schönes Anwesen im typisch elsässischen Stil. Alle Kutscher machen vor seinen Toren Halt, um die Pferde rasten zu lassen. Etwa eineinhalb Jahrhunderte und zahlreiche Erbfolgen später ist aus der einstigen Poststation ein beliebtes Bistro-Tabac geworden, in dem man sich auf einen Kaffee trifft, ein Gläschen Wein oder ein Bier. Ab den fünfziger Jahren beginnt der Wirt dann auch ein Tagesgericht anzubieten – vor allem für die Arbeiter der in der Nähe neugegründeten Fabrik. 1975 schließt das Bistro de la Poste dann seine Pforten. Doch nicht für lange. Nur wenige Monate später steht der junge Jérôme Daull hinter dem Herd – und bald schon dringt die Kun-

Romantik auf reiche Elsässer Art – eines der schönsten Zimmer in der ›Post‹

de von der neuen Küche ins Land. Das sympathische Dorfgasthaus mausert sich zum Feinschmeckerrestaurant. Und da Monsieur Jérôme ständig neue Ideen ausbrütet, unterzieht er das alte Gebäude 1985, nachdem er vom Pächter zum Besitzer aufgestiegen ist, einer gründlichen Restaurierung. Neunzehn Hotelzimmer entstehen unter dem schindelgedeckten Satteldachtrio – jedes individuell geschnitten und gestaltet, gemäß den architektonischen Gegebenheiten des historischen Baus.

Stets jedoch erfolgte die Ausstattung im Stil typischer alter elsässischer Häuser mit ihrem Gebälk, den Malereien und Alkoven. Rosé, pfirsichfarben, bleu oder in transparentem Grün schmeichelt die Dekoration romantischen Gemütern (tatsächlich gehört das Relais de la Poste zur Kette der Romantik-Hotels & Restaurants); in den Zimmern Nr. 10, 17 und 18, den großzügigsten und schönsten, prägt helles Holz das Ambiente: mit Deckenbalken, schön geschnitzten Schränken und vertäfelten Wandschrägen. Altes Gebälk prägt auch die

Salons, die Bar und den Speiseraum – gepaart indes mit modernen Details.

Auf den Tellern geht es aber gänzlich zeitgenössisch zu: Jérôme Daull – der gerne auch im Saal den Kontakt zu seinen Gästen pflegt – serviert eine kreative Küche, die sich auszeichnet durch exzellente, frische Produkte sowie eine Zubereitung à la minute. Die Palette der Genüsse reicht von der gebratenen Gänseleber mit eingelegten Quitten über gegrillte Gambas an Fenchel und Artischocken oder lauwarme Austern mit Gewürztraminer-Sabayon bis hin zum Wildschweinragout Grand Veneur und Zwetschgensuppe mit Weißkäsesorbet. Demnächst darf man sich vielleicht auch an einem Sorbet aus Olivenöl erfreuen – denn der umtriebige Hausherr und Küchenchef ist immer für eine Überraschung gut.

Restaurants: s. S. 17

Besichtigung: Strasbourg (s. S. 17 und 25)

Aktivitäten: s. S. 17

In gediegenem Rahmen überrascht Jérôme Daull immer wieder mit mutigen Kreationen

Moulin des Sept Fontaines

Karte: F 1
67160 Drachenbronn-Birlenbach
Tel. 03 88 94 50 90
Fax 03 88 94 54 57
Kreditkarten: Visacard
Geschlossen: Zwei Wochen Ende Janu-
ar/Anfang Februar und drei Wochen
Ende August/Anfang September. Res-
taurant: Montag und Donnerstag (au-
ßer für Pensionsgäste)

Preise: DZ 34–46 € inkl. Frühstück, Halbpension 30–36 € pro Person, Vollpension 39–45 €, je nach Zimmerkategorie.

Anfahrt: Von Wissenbourg auf der D 77 in Richtung Rott und Cleebourg, dann weiter auf der D 51 in Richtung Lobsann. Der Gasthof liegt etwa 1 km hinter der Abzweigung nach Drachenbronn, direkt an der D 51.

Das Hotel: »Wir waren die Ersten im Oberelsass, die die Zulassung als Ferme-Auberge beantragten«, erzählt Madame Finck mit blitzenden Augen, während sie die Hände immer wieder an der Schürze abwischt. Gerade hat sie einen Baeckeoffe zubereitet, denn ihre Gäste kommen ausschließlich in den Genuss von Selbstgemachtem. Egal ob sie Halbpension in einem der dreizehn Zimmer gebucht haben oder nur als Ausflügler in die kleine Weinstube im oberen Mühlengebäude einkehren. Mit seiner zartblauen, von einem breiten Torbogen durchbrochenen Fachwerkfassade duckt sich das Hotel einsam hinter üppigem Grün in einer Senke des Hohwaldes. Fast märchenhaft mutet seine Lage an. Und wie ein Märchen klingt auch seine Geschichte. »Schon mein Ururgroßvater

Geradezu märchenhaft liegt die ehemalige Mühle einsam inmitten üppigen Grüns

lebte an diesem Ort.« Sein Dienstherr, Baron von Fleckenstein, hatte ihm das Stück Land als Belohnung für treue Dienste geschenkt. Da der Beschenkte zwei Töchter hatte, ließ er zwei Mühlen darauf erbauen, eine zum Mahlen von Getreide, die zweite für die Ölherstellung aus Raps, Mohn und Nüssen. Von 1924 an standen die Mühlräder jedoch still, da das Wasser des Wintzenbaches abgeleitet wurde, um Soultz-sous-Forêts und seine Umgebung zu versorgen. Das große Ölmühlen-Rad ist allerdings noch heute zu bewundern, es prägt den kleinen Seminarraum im Souterrain.

Seit etwa 20 Jahren empfängt das Mühlenanwesen nun zahlende Gäste. Großzügige, rustikale Zimmer erwarten sie in der einstigen Ölmühle, vier oder mindestens drei Betten bieten hinter ihren dicken Natursteinwänden Platz auch für Familien. Im benachbarten Schuppen, wo ebenfalls Mauerwerk und Balken frei gelegt wurden, sind die Flächen besonders raffiniert genutzt. Vor allem die linke Erdgeschoss-Unterkunft erfreut sich großer Beliebtheit. Denn vom schmalen Schlafraum geht es durch das breite, weiße Duschbad direkt in eine private Sauna. »Das Saunazimmer ist meistens als erstes ausgebucht«, weiß Lina Finck. Überhaupt ist es nicht so ganz einfach, in der ›Mühle‹ unterzukommen, vor allem für die Wochenenden und die Festtage ist das Reservierungsbuch meist lange im Voraus voll. Besonders schön ist es auf dem Mühlengelände natürlich im Frühjahr und Sommer, wenn um den Mühlen-Teich die Gänse schnattern, die Hühner gackern und die Zicklein meckern. Dann stehen die Sonnenliegen vor dem alten Ziehbrunnen im Ölmühlenhof, und vor der Getrei-

demühle, in der die schlichteren Zimmer untergebracht sind, blinzelt Romeo, der Hofhund, in den Himmel. Von fern hört man auch die Kühe muhen, die bei den Fincks nicht gemolken werden, sondern für Nachwuchs sorgen. »Wir sind halt noch ein voll funktionierender Bauernhof«, sagt Madame Finck. Dann muss sie aber rasch wieder in die Küche nach ihrem Baeckoffe sehen. Und nach den Kuchen für den Nachmittagskaffee, dem Guglhupf fürs Frühstück. Außerdem sind da noch die Gäste, die gern eine Pastete als Souvenir mitnehmen wollen von der Sieben-Brunnen-Mühle, Hausmacher Wurst, Obst oder Eier.

Restaurants in der Umgebung: L'Ange (S. 98), **Auberge du Cheval Blanc** (S. 99), **Restaurant au Châtaignier** (37, Rue Louis Philippe Kamm, Drachenbronn-Birlenbach, Tel. 03 88 94 50 43).

Besichtigung: Museum der Schlacht von Reichshoffen in Woerth (Musée de la bataille du 6. août 1870, 2, rue du Moulin, Tel. 03 88 09 30 21, geöffnet April/Mai und 15. September bis 31. Oktober täglich außer Dienstag 14–17 Uhr; Juli/August täglich außer Dienstag 10–12 Uhr und 14–18 Uhr; Februar/März und November/Dezember nur Samstag und Sonntag 14–17 Uhr, Eintritt 3 €). **Erdölmuseum** in Merckwiller-Pechelbronn, 4, rue de l'Ecole (neben der Kirche), Tel. 03 88 80 91 08, geöffnet April bis Oktober jeweils Donnerstag, Sonntag und an Feiertagen 14.30–18 Uhr, Eintritt 3,05 €. **Museum des unterirdischen Militärstützpunktes Hochwald** (nur nach vorheriger Genehmigung durch den Befehlshaber des Luftwaffenstützpunktes 901 in Drachenbronn).

6

Hotel du Dragon

Karte: F 5
2, rue de Ecarlate Ecke 12, rue du
Dragon
67000 Strasbourg
Tel.: 03 88 35 79 80
Fax: 03 88 25 78 95
E-Mail: hotel@dragon.fr
www.hoteldragon.fr
Kreditkarten: alle gängigen
Geöffnet: ganzjährig

Preise: DZ 76–108 €, Apartments für
drei Personen: 129 € und 145 € (zwei
verbundene Zimmer im oberen
Stockwerk), Frühstück: 9,45 €.

Anfahrt: Das Hotel liegt im ruhigen
Finkwiller-Viertel südlich von La Petite France, unweit der Ill-Kais.

Das Haus: Der ›Drache‹ war Strasbourgs erstes Designhotel – ein puris-
tisches Kleinod in historischen Mauern. Sie datieren aus dem frühen
17. Jahrhundert – und zeigen sich inzwischen mit einer altrosa Tönung.
Zwei spitzgiebelige, viergeschossige
Bauten flankieren den zur (ruhigen)
Straße hin offenen, nur von einem luftigen Gitter begrenzten Hof, in dem
das freundliche, fast durchweg männ-
liche Personal bei schönem Wetter
das Frühstück (auf hübschem Café
Coste-Geschirr) oder den Aperitif
serviert – unter dem Geäst des alten
Lindenbaumes, der hoffentlich bald
wieder sein grünes Blattkleid anlegen
wird. Nachdem Jean Zimmer das
Haus 1998 übernommen hat, wurde
es etwas ›wohnlicher‹ – ohne dass indes sein ursprünglicher Charakter ge-
litten hätte.

Tipp

Bierparcours

Vor den Toren Strasbourgs liegt eine ganze Handvoll Brauereien. Les
Brasseries Kronenbourg (68, route
d'Oberhausbergen, Strasbourg-
Cronenbourg) bieten ständig die
Möglichkeit zur kostenlosen Besichtigung – man sollte aber besser
vorher telefonisch reservieren (Tel.
03 88 27 41 59). Die Tour führt
durch alte Bierkeller, zeigt die moderne Produktion und umfasst einen Film über die Geschichte der
Brauerei. Am Ende des Rundgangs
gibt es eine Bierverkostung – und
in der Brauereiboutique kann man
sich mit allen möglichen Souvenirs
rund um den Gerstensaft ein-
decken.

Noch immer dominiert in den 33
durchweg ruhigen Zimmern als Farbe ein dezentes Grau, edel abgestuft
und/oder verbunden mit strahlendem
Weiß. Die Formen sind klar – sei es
beim Mobiliar, in den Bädern oder im
Zuschnitt des Raumes. Großzügige
Glasflächen und ausgeklügelte Lam-
pensysteme sorgen indes im Hause inzwischen für anderes Licht, helles
Parkett für eine etwas wärmere Atmosphäre. Die größten Zimmer liegen in der oberen Etage, sie haben
Blick auf den Hofgarten – oder man
schaut auf den rosenfarbenen Sandstein der Thomas-Kirche und die
Spitze des Münsters. Fast überall im
›Drachen‹ begegnet man Exponaten
zeitgenössischer Kunst: im Eingangsbereich, im kleinen Salon vor dem
Frühstücksraum und auch dortselbst.

All diese Gemälde, Collagen, Grafiken, Plastiken stammen von ortsansässigen (oder zumindest in der Region lebenden) Künstlern – und sind käuflich. Darüber hinaus hat Jean Zimmer im Entree einiges zur Geschichte des Gebäudes versammelt – schöne alte Stiche zum Beispiel, auf denen man das Hôtel du Dragon in seiner originalen Gestalt betrachten kann. Seinen Namen hat es übrigens nicht von irgendeinem fauchenden Ungeheuer, sondern von einem Baron von Drachen, der es 1725 erwarb. Zu Fuß ist man von hier aus in wenigen Minuten mitten in der Altstadt; das Auto kann man getrost stehen lassen: entweder an der Straße direkt vor dem Hotel oder etwa 200 m entfernt in einem gesicherten Parking. Da das ›Drachenhaus‹ nicht über ein eigenes Restaurant verfügt, empfehlen Besitzer und Rezeptionist gerne ein paar Adressen, an die man sich wenden kann.

Restaurants in Strasbourg: s. S. 104–106. Winstuben: **Au Pont Corbeau** (21, quai Saint Nicolas): Umgeben von Boiserien Emile Waydelichs und den Fresken von Edgar Mahler kann man hier auch sonntagabends eine frische Marktküche genießen. **Hailich Grab** (15, rue des Orfèvres) – probieren Sie den warmen Schinken im Brotteig mit Kartoffelsalat.
In Pfulgriesheim: **Bürestubel** (s. S. 109)
Treffs/Bars: Im Sommer ist die große Terrasse des **Art Café** am Museum für Zeitgenössische Kunst ein wunderbares Plätzchen; ansonsten ist **Le Schutzenberger** (Place Kléber) angesagt: ein langer, modern gestylter Raum, in dem Marie-Lorraine Muller, die Tochter der legendären Brauereibesitzerin Rina Muller das Zepter führt. Eine weitere ›bierige‹ Adresse: **Aux douze Apôtres** (7, rue Mercière) – vierzehn verschiedene Gerstensaftsorten fließen hier aus dem Zapfhahn.

Kein Feuer speiendes Fabelwesen regiert hier, sondern aktuelles Design

7

Régent Petite France

Karte: F 5
5, rue des Moulins
67000 Strasbourg
Tel. 03 88 76 43 43
Fax 03 88 76 43 76
E-Mail: rpf@regent-hotels.com
www.regent-hotels.com
Kreditkarten: alle gängigen
Geöffnet: ganzjährig

Preise: DZ 217–272 €, Duplex und Juniorsuite 332 €, Suite 417 €, Frühstück 17 € pro Person.

Anfahrt: Das Hotel liegt in der Nähe der Ponts Couverts, in der Fußgängerzone Petite France. Auf der Brücke nach rechts auf den Quai Woerthel fahren bis zum Ende des Kais.

Das Hotel: Kühne Raumlösungen, geschwungene Linien, viel Glas und Chrom, großflächige Arbeiten zeitgenössischer Künstler – in die alte Eisfabrik am Ufer der Ill ist die Moderne eingezogen. Wo man vor mehr als 100 Jahren bereits die Wasserkraft des Flusses nutzte, um Stangen und Blöcke zum Kühlen herzustellen – ein Kilo kostete einen Centime – wurden 72 edel gestylte Gästezimmer untergebracht – darunter vier Dachstudios und 12 Suiten. Lebendige Teppich- und Stofffarben wie Türkis und Kornblumenblau, zuweilen auch ein gebrochenes Ocker oder Violett sowie filigranes, zeitgenössisches Design prägen ihr Ambiente. Der historischen Architektur des Gebäudes entsprechend, schauen da und dort Stütz- und Tragebalken hervor, entweder naturbelassen oder – wie in der Junior-

Tipp

Jugendstilbad

Wer sich müde gelaufen und satt gesehen bzw. gegessen hat in Strasbourgs Altstadt, kann in den historischen Mauern der Bains Municipaux eine Ruhepause einlegen. Das Jugendstilschwimmbad und die herrlichen römischen Bäder des Architekten Fritz Beblo bieten Entspannung auf angenehm altmodische Art.

suite mit der Nr. 220 – weiß lackiert. In der vierten Etage ist altes und neues Holz besonders präsent – fast alle Zimmer hier umfassen zwei Ebenen, die mit einer Wendeltreppe verbunden sind, wobei die obere auf mächtigem, hundertjährigem Gebälk ruht.

Überaus stolz ist das zwischen zwei Ill-Armen stehende Haus auf seine Aussicht – tatsächlich bietet sich von fast jedem Raum ein schöner Blick, entweder auf die Quais und den Fluss – hier macht wohl die Suite Nr. 201 das Rennen – oder auf die verwinkelte Dachlandschaft von La Petite France. In Nr. 303 muss man den Kopf allerdings ein wenig zur Erde neigen, wenn man das Panorama erfassen will: hier beginnt der Fensterbogen nämlich erst am tief liegenden Anfang der Schräge, also etwa in Brusthöhe, reicht dafür aber bis zum Fußboden.

Die mit Granit und Marmor ausgestalteten Bäder beeindrucken durch raffinierte, individuelle Grundrisse und großzügige Spiegelflächen; manche haben Jacuzzi-Wannen und ein separates WC. Am Schreibtisch findet sich zusätzlich zum Telefon- auch ein Fax- bzw. Laptop-Anschluss; auch Safe, Minibar und Satellitenfernsehen gehören in allen Zimmern zum Standard. Eine große Sonnenterrasse für alle Gäste sowie ein Fitnessraum mit Sauna vervollständigen die Servicepalette.

Wie viele Zimmer sind auch die großzügige Lobby und das sich zur ihr öffnende (Frühstücks-)Restaurant geprägt von aktueller Kunst – sei es als Wandbild oder als Plastik. Der Gang zu den Konferenzräumen indes widmet sich ganz dem Medium Fotografie: exquisite Schwarz-Weiß-Aufnahmen sind hier ausgestellt, allesamt zum gleichen Thema: ›Les Glacières de Strasbourg‹ – die historische Eisfabrik. Ihre riesigen Gusseisenräder und gewaltigen Transmissionen stehen nach wie vor am angestammten Platz – sie wurden in die Hotelanlage integriert und sollen in absehbarer Zukunft den Kern eines Museums bilden.

Restaurants, Winstuben und Bars/ Treffs in Strasbourg: s. S. 23

Aktivitäten: Romantisch im Abendlicht, aber generell eine sehr touristische und nicht gerade billige Angelegenheit sind die **Sightseeing-Touren** per Boot durch Strasbourg. Anlegestelle vor dem Palais Rohan.

Besichtigung: Außer dem historischen Altstadtkern lohnt auch das **Europaviertel** einen Besuch. Man erreicht es vom Zentrum zu Fuß in ca. 20 Minuten über die Allée de la Robertsau oder mit der Linie 23 von der Place Kléber. Es bündelt eine Vielzahl architektonisch interessanter Gebäude, darunter das Palais des Droits de l'Homme, in dem die Menschenrechtskommisson tagt, und das Europaparlament. Das Gebäude des Europarates kann außerhalb der Sitzungsperioden nach telefonischer Voranmeldung (Tel. 03 88 17 20 07) auch von innen besichtigt werden.

Zeitgenössische Kunst und modernes Design prägen heute die ehemalige Eisfabrik

8

Domaine du Neufeld

Karte: C 5
67280 Oberhaslach
Tel. 03 88 50 91 48
Fax 03 88 50 95 46
Kreditkarten: keine
Geöffnet: ganzjährig

Preise: DZ 23 € inkl. Frühstück, Apartments/Suiten (vier/fünf/sechs Personen) 89–130 € inkl. Frühstück, Abendessen (nur für Hausgäste) 14 €.

Anfahrt: Von Strasbourg auf der A 352 und der N 420 bis zur Abfahrt Niederhaslach. Auf der D 218 weiter bis Oberhaslach. In der Ortsmitte abbiegen auf die D 75 nach Nordosten. Vorbei am Forsthaus, das wie ein klei-

nes Schlösschen aussieht. Rechter Hand zweigt dann ein Waldweg mit einem verblichenen Hinweisschild ab. Diesem folgen bis zur Gabelung, dort links halten.

Das Hotel: Ein ehemaliges Jagdhaus fern jeglicher Zivilisation, dafür jedoch mit echtem Bauernhofambiente: Hühner, Schweine – und fast 50 Pferde. Wegen dieser Rosse, die Hausherr Marcel André ebenso liebevoll wie kenntnisreich umsorgt, kommen die meisten Gäste. Ob das Schülerinnentrio aus dem Nordhessischen oder die Familie aus dem Badischen – alle sind Reiter und genießen die Ausritte mit oder ohne Monsieur Marcel in der Regel nicht zum ersten Male. Aber man muss nicht aufsatteln bei den Andrés – sondern kann auch am großzügigen geheizten Freiluftpool im

Pferdeliebhaber finden bei den Andrés ein Paradies – sogar mit Swimmingpool

Liegestuhl dem Nichtstun frönen, sich der Sonne, der guten Luft, der Stille erfreuen. Und an der Küche von Madame Marguerite. Denn die dralle Patronne bietet nicht nur Unterkunft, sondern auch *table d'hôte*. Vor allem abends sitzen daher meist alle Gäste der vier Zimmer und zwei Suiten bzw. Apartments einträchtig um den mächtigen ovalen Tisch in der gemütlichen, mit geschnitzten Schränken, bemalten Konsolen sowie allerlei Nippes vollgestopften Stube und laben sich an einem üppigen Mahl: Gemüsesuppe etwa – mit Zutaten aus dem Hausgarten natürlich – gefolgt von Marcels legendärem ›Bügeleisenfleisch‹. Den passenden Wein zu den Gerichten liefert Madames Bruder – er ist Winzer in Ribeauville. Von dort stammen auch sämtliche Tischdecken und die Dekostoffe für die Zimmer. Bis auf das Duplex im neuen Verandaanbau (mit Kamin und Panoramafenster) atmen sie alle noch den Charme aus Großmutters Zeit: ein jedes verfügt über einen historischen – tadellos funktionierenden – Kachelofen und auch die ›alten Waschbecken wurden beibehalten. Das Mobiliar diente ebenfalls bereits den Gästen des Jagdhauses. Trotz mangelnden zeitgenössischen Komforts – mindestens zwei Zimmer teilen sich ein Duschbad und eine Toilette – fühlt man sich hier auf Anhieb wohl; vielleicht weil man das Gefühl hat, nicht irgendein anonymer Besucher zu sein, sondern quasi ein Freund der Familie.

Restaurants im Ort und in der Umgebung: **Ruines du Nideck** (2, rue de Molsheim) – eine sowohl optisch als auch was die Speisen anbelangt robuste Adresse nahe der gleichnamigen Burg. **Saint-Florent** (28, rue du Nideck) – Hotelrestaurant mit bodenständiger Küche wie Leberknödel und geräuchertem Hirschschinken. **Au Nid de Cigogne** in Mutzig – gegenüber der ehemaligen Brauerei, deren Bier in dem urigen Gasthaus noch immer aus dem Zapfhahn fließt und trefflich sowohl zur Forelle mit Meerrettichcreme als auch zum Presskopf mit Wacholderbeeren mundet.

Aktivitäten: Etwa 6 km entfernt liegt ein Tennisplatz, man kann Fahrrad- und Wanderausflüge unternehmen. Auf Wintersportler warten Langlaufloipen und Skipisten in zehn bzw. 20 km Entfernung.

Besichtigung: Die Kirche von **Niederhaslach** mit ihren fast vollständig erhaltenen, farbenprächtigen spätgotischen Fenstern.

Ausflugstipp: Lassen Sie sich inspirieren von dem Gedicht von Adelbert von Chamisso und besuchen Sie die Burg **Nideck**. Der in der Champagne geborene Lyriker besang das mittelalterliche Bauwerk, in dessen Mauern der Sohn Kaiser Karls IV., Kaiser Sigismund, 1418 längere Zeit als Jagdgast weilte, in einem berühmten Achtzeiler. Etwas unterhalb der Burgruine stürzt ein Wasserfall aus mehr als 20 m Höhe von den Porphyrfelsen herab.

Eine schöne Aussicht ins Haseltal bietet sich von der Burgruine **Hohenstein** auf dem Massiv des Großen Ringelberges; etwa auf gleicher Höhe (circa 650 m) liegen in der Nähe die Reste der Burg **Ringelstein**.

In einer rund 50minütigen Wanderung vom Hotel Fischhütte in Mollkirch erreicht man das **Château Guirbaden**, die angeblich größte Festungsanlage des Elsass.

9

Neuhauser

Karte: B 6
Les Quelles
67130 Schirmeck
Tel. 03 88 97 06 81
Fax 03 88 97 14 29
E-Mail: hotelneuhauser@wanadoo.fr
www.hotel.neuhauser.fr
Kreditkarten: alle gängigen
Geöffnet: ganzjährig

Preise: DZ 51–66 €, Chalets 110 € (zwei Personen), 125 € (drei Personen), 140 € (vier Personen), Suiten 105 € (zwei Personen), 121 € (drei Personen) 173 € (vier Personen). Frühstück 8 €, Extrabett 9,50 € pro Tag, Hund 6,10 € pro Tag. Sauna ca. 8 € pro Person. Halbpension 56–86 € pro Person je nach gewählter Zimmerkategorie, Vollpension 67–97 €. Spezialarrangements: L'escapade Amoureux mit einer Übernachtung im DZ, zwei Diners inkl. einem Glas Wein zu jedem Gang, Aperitif und einer halben Flasche Champagner 215–256 € je nach gewählter Unterkunftskategorie.

Anfahrt: Von Strasbourg auf der A 352/N 420 bis Schirmeck. Am Ortsrand, etwa in Höhe des Abzweigs der D 130, rechts abbiegen. Das Sträßchen schlängelt sich über La Claquette rund 5 km durch den Wald zum Hotel.

Das Hotel: Umgeben von Wiesen und Wäldern versteckt sich im Breusch-Tal, im Herzen der Vogesen, dieses seit drei Generationen von derselben Familie geführte Haus mit nur zehn Zimmern, drei Chalets und zwei neuerbauten Suiten-Häuschen. Letztere bieten eine großzügi-

ge Terrasse mit Blick in eine herrliche Natur und eine gemütlich-elegante Ausstattung mit Schlafmöglichkeit auf beiden Etagen. Die drei etwas zurückgesetzt stehenden, ganz aus honigfarbenen Jurahölzern erbauten Chalets mit Namen Heidelbeere, Wildpflaume und Hagebutte sind rustikaler, ihre Möbel wurden von Handwerkern aus dem Breusch-Tal gefertigt. Im Gegensatz zu den Suiten sind die ebenfalls zweigeschossigen Hütten nur mit Duschbädern ausgestattet und weisen eine etwas geringere Gesamtfläche auf. Nicht gerade großzügig in ihrer Fläche, aber hübsch altmodisch ausgestattet sind die zum Teil erst kürzlich renovierten Gästezimmer im ersten Stock des Haupthauses. Allen Gästen steht das kleine Schwimmbad zur Verfügung, das bei kühlerer Witterung durch eine Leichtglaskonstruktion zum Hallenbecken wird.

Wer mit Schwimmen, Wandern, Tierbeobachtung und Faulenzen nicht ausgelastet ist, kann Pierre und Michel Neuhauser beim Schnapsbrennen über die Schulter schauen.

Tipp

Steinwerkstätten

Das Schneiden und Polieren von Halbedelsteinen demonstrieren die Mitarbeiter der Taillerie de la Haute-Creuse in Vexaincourt etwa 25 km westlich von Schirmeck. Der Eintritt zu den Ateliers ist kostenlos, sie sind zwischen dem 15. April und dem 30. Oktober täglich geöffnet von 10 bis 12 sowie 13–19 Uhr. Tel. 03 29 41 15 72.

Urlaub auf dem Lande – und mitten im Wald: bei Neuhauser gibt's keine Hektik

Denn zum Haus gehört auch eine Destillerie. Die Produktion umfasst klassische Brände ebenso wie jene auf der Basis von Waldheidelbeere, Schlehe oder Vogelbeere. Berühmt ist Pierre Neuhausers Kreation ›Saveur de Bière‹, ein Branntwein auf der Grundlage von Bierhefe, aber auch das Pflaumen›wässerchen‹ erfreut die Kennerzunge.

Neben dem Bartresen im gemütlichen Frühstücksraum, wo allmorgendlich ein kleines Büffet angerichtet wird, sind alle Neuhauserschen Brände zum Verkosten aufgereiht – und sowohl der Junior als auch der Senior des Hauses geben selbstverständlich auch außerhalb der Brennperioden gerne Auskunft über ihr Zweitmetier. In erster Linie sorgen die beiden Herren nämlich für das leibliche Wohl ihrer Gäste – mit kostlichen Wildterrinen zum Beispiel, hausgemachter Gänseleber oder gefüllter Wachtel im Blätterteig.

Restaurants in der Umgebung: In Schirmeck **Le Sabayon** (4, rue de la Gare à Labroque, Tel. 03 88 97 04 35). Raymond Jaeger bietet eine saisonorientierte Frischeküche: z. B. Champignonspieß über dem Holzfeuer gegrillt, Lachs auf schwedische Art oder süß-sauer gebratene Leber.

Besichtigung: Vom Mittelalter bis ins 19. Jahrhundert wurden in den Stollen von **Grandfontaine** am Fuße des Donon-Massivs eisenhaltige Mineralien gefördert.

Ein unrühmliches Zeugnis der jüngeren Vergangenheit ist das ehemalige Konzentrationslager **Struthof** östlich von Schirmeck.

Auf dem **Schlossberg** oberhalb von Schirmeck kann man die Überreste jener Burg entdecken, denen der Ort seinen Namen verdankt. Sie war bischöflich-strasbourgischer Amtsitz. 1633 zerstörten die Schweden den Bau aus der Mitte des 16. Jahrhunderts.

10

Julien

Karte: C 6
12, rue Nationale
67130 Fouday
Tel. 03 88 97 30 09
Fax 03 88 97 36 73
E-Mail: hoteljulien@wanadoo.fr. oder
info@hoteljulien.com
www.hoteljulien.com
Kreditkarten: alle gängigen
Geschlossen: die ersten beiden Wochen
im Januar

Preise: DZ 52–99 €, Duplex 73–94 €, Frühstück pro Person 9 €. HP 52–79 € pro Person. Sonderpauschalen u. a. zum Valentinstag und in der Adventszeit. Gastronomisches Wochenende (ganzjährig, außer im Juli /August) mit zwei Übernachtungen im DZ, einem bodenständigen und einem Feinschmecker-Diner je nach gewählter Zimmerkategorie pro Person 152–209 €.

Anfahrt: Von Strasbourg auf der A 352/N 420 via Schirmeck; das Hotel liegt etwas außerhalb von Fouday an der Hauptstraße.

Das Hotel: Kommt man von Schirmeck, zeigt das Hotel von Gérard Goetz und seiner Frau Marylène zunächst ein bescheidenes Gesicht: ein kleiner, rotgetünchter Landgasthof an der Straße. Wenige Meter zurückversetzt indes liegt das neue Haus: ein dreigeschossiger Riegel mit hell gefassten Bogenfenster-Erkern, Kupferdach und einer langen, aus Holz gefügten Garagenfront. Ein in die Fassade eingelassenes Herz signalisiert dem Gast freundliche Zuwendung und Engage-

ment, tatsächlich kümmert sich das Personal umsichtig und liebenswürdig um jeden, der die Schwelle des Julien überschritten hat. 40 freundlich-helle Zimmer bergen seine Mauern insgesamt – angefangen von der kleinen Mansarde mit Schräge (›Les Rustiques‹) bis hin zu den fast 60 m² Wohnfläche bietenden Räumen mit gehobener Ausstattung, d. h. Wohnecke, Schreibtisch, Badezimmer mit Eckwanne und Dusche sowie großem Balkon oder Terrasse (›Les Princes de Salm‹). Die beiden Zwischenkategorien (›Les Bruchoises‹ und ›Les Préludes‹) bieten komfortable Unterkunft auf 30 bis 40 m², zum Teil verteilt auf zwei Ebenen und durchaus geeignet für vier Personen.

Das Gros der Zimmer, in denen der Holzreichtum der Region präsent ist in Gestalt massiver Möbel, sichtbarer Balken, offener Treppen und rustikaler Verstrebungen an den Freisitzen, liegt von der Straße abgewandt; man hat von ihnen einen schönen Blick über den Garten auf die Hügel und Kuppen der Hochvogesen – und in das Tal der Breusch (frz. Bruche).

Seit 1998 spannt sich von den hölzernen Garagenboxen des Hotels, in denen neben Groß- und Mittelklasse-Limousinen mit deutschem, französischem und belgischem Kennzeichen manchmal auch ein Rolls Royce parkt, ein hölzernes Brückchen über den Wasserlauf – an seinen Ufern lässt es sich bis in den Ort flanieren. Madame Goetz empfängt die Gäste herzlich; oft muss jedoch eine Busladung abgefertigt werden, dann leidet die individuelle Begrüßung ein wenig.

In der Küche von Gérard Goetz halten sich Bodenständigkeit und Fantasie die Waage. So lädt der Chef, die örtlichen Traditionen achtend, jedes

Grün soweit das Auge reicht – nur vor dem Haus fließt der Verkehr

Jahr im November und Dezember zu üppigen Schlachtfesten ein (»Feines vom Schwein« heißt die passende Aufenthaltspauschale). Ansonsten werden in den gemütlich eleganten Speiseräumen oder in der holzgetäfelten Stube z. B. frischer Kalbskopf, Königinnenpastetchen oder auch gefüllter Schweinsfuß aufgetischt – jeweils sorgsam zubereitet und in großzügig bemessenen Portionen. Im gesamten Haus versuchte die Familie Goetz trotz zeitgenössischen Komforts die Atmosphäre eines traditionellen Gasthofes zu bewahren.

Restaurants in der Umgebung: Le Bellevue, 36, rue Principale, Saulxures. Denis Boulangers kulinarische Ideenpalette reicht vom Artischockensalat über getrocknete Wildschweintranchen mit Sellerieremoulade bis hin zum geräucherten Ka-

ninchenrücken und gratinierten Aprikosen mit Mandelcreme. Genauso weit gespannt sind die Menüpreise – 8 bis 38 €.

Aktivitäten: Das Hotel selbst verfügt über einen Aqua-und Wellnessbereich (7–19 Uhr) mit Innenpool, Sauna und Dampfbad. Wanderer und Mountainbiker finden eine Vielzahl von markierten Wegen in der Umgebung, im Winter kann man ganz in der Nähe Langlaufen und Alpinski fahren. Angler erfreuen sich am Fischreichtum der Breusch.

Besichtigung: Das Musée du Pasteur Oberlin im ehemaligen Pfarrhaus von **Waldersbach** erinnert an das Wirken von Pastor Johann Friedrich Oberlin (1740–1826), der dem einst rückständigen und armen Stein-Tal zum gewerblichen Aufschwung verhalf.

11

La Chenaudière

Karte: B/C 6
67420 Colroy la-Roche
Tel. 03 88 97 61 64
Fax 03 88 47 21 73
E-Mail: cheneaudiere@relaischateaux.
com
www.relaischateaux.com
Kreditkarten: alle gängigen
geöffnet: ganzjährig

Preise: DZ 107–260 €, Suiten 225–412 €, Frühstück 14 €, am Büffet 20 €; Menü im Restaurant ›Les Princes de Salm‹ 95 €, in ›Les Pastoureaux‹ 45 €.

Von hohem Adel sind die Gedecke im besternten Princes de Salm

Anfahrt: Von Strasbourg auf der A 352/N 420 bis St-Blaise-la-Roche. Dort in der Ortsmitte an der Kirche links abbiegen, in Colroy wiederum links halten; das Hotel ist ausgeschildert.

Das Hotel: Sie stammen aus dem benachbarten Lothringen, leiteten in der stillen Region zwischen Elsass und Vogesen eine Kuranstalt – und blieben sozusagen hängen in den sanften Hügeln zwischen Schirmeck und Saulxures. Ostern 1975 eröffneten Marcel und Arlette Francois ihr charmantes Drei-Sterne-Hotel am Rand von Colroy la-Roche, einem Dorf zu Füßen der Ruine von Château la-Roche, in dem einst die Melodie der Webstühle und Sägewerke erklang. Nur sechs Monate später wurde das zunächst zehn Zimmer umfassende Haus am Fuße des Berges Champ de Feu als eines der ersten in die Vereinigung Relais & Châteaux aufgenommen. Inzwischen erhielt auch das

zugehörige Restaurant ›Les Princes de Salm‹ den Titel Relais Gourmet.

Die ursprüngliche Zimmerzahl wurde auf 29 (inklusive sieben Apartments) erweitert. Ihre üppige Eleganz umfasst verschiedene Spielarten – mal prägen cremiges Weiß und Sonnengelb das Ambiente; mal gesellen sich feine Streifen, Rauten und Blütenmuster auf blauem Grund zu den Vanille-Tönen von Boden und Mobiliar, dann wieder paart sich großzügiges Pastellkaro trefflich mit den hellen Holz der Wandvertäfelung. Luxuriöse Bäder, vielfach mit Rundwanne und Doppelwaschbecken, an deren Ende vielleicht sogar ein kleines Steingärtchen blüht, ergänzen die noblen Schlafräume; der Großteil von ihnen verfügt über einen eigenen Balkon.

Für Fitness und Entspannung sorgen ein lichtes, von Kronleuchtern erhelltes beheiztes Schwimmbad mit wunderbarem Ausblick in die Natur,

Sauna, Whirlpool, Hamam und Solarium. Den gesamten Bereich prägen zartgrünes Gebälk und sandfarbene Fliesen.

Wer im Haus speisen möchte, dem stehen zwei **Restaurants** zur Wahl: das rustikale, morgens auch als Frühstückssalon dienende Les Pastoureux mit seinem wechselnden Menü, dessen Preis auch eine halbe Flasche Wein oder Champagner umfasst, und das auch höchsten Gourmet-Ansprüchen genügende ›Princes de Salm‹. Im edlen, generösen Ambiente wird hier eine klassische französische Küche serviert, mit einem Touch Provence zuweilen, denn Jean-Paul Bossée, der Schwiegersohn der Francois', machte bei seinem Ausbildungsparcours, der ihn zuletzt zu Emile Jung vom legendären ›Crocodile‹ in Strasbourg führte, auch Station in Le Lavandou im Süden des Landes. Während er am Herde wirkt, sorgt seine Frau Fabienne gemeinsam mit der Mama für den herzlichen Empfang der Gäste.

Tipp

Hausbrände

Die Hostellerie La Chenaudière verfügt auch über eine eigene kleine Destillerie in der exzellente Brände (z. B. aus Himbeeren, Holunder oder Zwetschgen) hergestellt werden. In schöne Flakons verpackt, sind sie ein beliebtes Souvenir.

Aktivitäten: Zum Hotel gehört ein Tennisplatz und es stehen Leihfahrräder bereit. Außerdem ist La Chenaudière ein guter Ausgangspunkt für Wanderungen; es kann geritten werden in der Umgebung und gefischt. Im Winter bietet das 1100 m hochgelegene Skigebiet Champ de Feu gute Langlauf- und Abfahrtsmöglichkeiten.

Hinter der rustikalen Fassade birgt das ruhig gelegene Haus einen eleganten Kern

12
Winzenberg

Karte: D 7
58, route des vins
67650 Blienschwiller
Tel. 03 88 92 62 77
Fax 03 88 92 45 22
E-Mail: winzenberg@visit-alsace.com
www.winzenberg.com
Kreditkarten: alle gängigen außer
American Express und Diners; man
kann auch mit EC-Card zahlen.
Geschlossen: 4. Januar bis 20. Februar

Preise: DZ 41–47 €, EZ 38–43 €,
Zuschlag für die dritte Person 12,50
€, Frühstück 6 € pro Person.

Anfahrt: Von Strasbourg über Obernai auf der D 422 bis Epfig, von dort
der Ausschilderung Blienschwiller folgen, das Haus liegt an der Hauptstraße
mitten im traditionellen Winzerdorf.

Das Hotel: Ein altes Winzerhaus,
vom Verfall bedroht und leerstehend,
verwandelte die Familie Dresch durch
Sanierung und behutsamen Umbau
Anfang der neunziger Jahre in ein
charmantes Zweisterne-Hotel. Für
die dreizehn Zimmer – alle von unterschiedlicher Größe, mit (Dusch-)
Bädern, in denen es jedoch weder an
flauschigen Handtüchern noch an einem Haartrockner fehlt – ließ Madame Annie alle Möbel von Absolven-
ten der Ecole des Beaux Arts in Brüs-
sel nach Maß anfertigen. Als Basis
hatte sie den Studenten das Mobiliar
aufgezeichnet, an welches sie sich aus
ihrer Kinderzeit im Hause der Groß-
eltern erinnerte. So schmücken nun
schöne Kommoden, Schreibtische
und Betten im elsässischen Stil des

Tipp
Sommerliches Weinatelier

Jedes Jahr Anfang August laden die
Blienschwiller Winzer unter dem
Motto »Vom Rebstock bis in die
Flasche« an zwei Donnerstagen ein,
ihre Arbeit in den Weinbergen und
Kellern kennen zu lernen. Die
Themenpalette dieses Weinateliers
reicht von der Bodenpflege über die
verschiedenen Pressmethoden bis
hin zur Cremantherstellung – für
den Blienschwiller berühmt ist. 20
seiner 36 Winzer produzieren diese moussierende Spezialität. Natürlich gibt es auch Wein zu verkosten
– ebenso wie elsässische Gerichte.

frühen 20. Jahrhunderts die auf drei
Etagen verteilten, mit hellen Blumen-
stoffen dekorierten Unterkünfte.
Herrliche Malereien – Landschafts-
szenen aus der Umgebung meist –
zieren den dunkelgrünen oder maha-
gonifarbenen Holzgrund; jeweils ge-
rahmt in der entsprechenden Gegen-
farbe. Schon am Rezeptionstresen
kann der Gast diesen Stil bewundern.
Madame Annie und ihre Tochter Ale-
xia, die die Hotelfachschule absolviert
hat, sorgen dort für ein warmherziges
Willkommen.

Annie Dresch ist stellvertretende
Bürgermeisterin von Blienschwiller
und war früher Sekretärin im Fremdenverkehrsamt des Pays de Barr – sie
kennt sich also bestens aus in ihrer
Gemeinde und der Umgebung. Ob
man als Gast einen Tipp braucht für
eine Wanderung, einen Radausflug
oder ein gutes Restaurant; niemals ist
sie um eine Antwort verlegen und an

der Rezeption hält sie eine Fülle von Prospektmaterial bereit. Auch in der frühlingsfarben ausgestatteten Aufenthaltsecke vor dem sonnengelben Frühstücksraum findet sich stets reichlich Lektüre – von der Tageszeitung bis hin zum Bildband über das Elsass.

Die Männer der Familie Dresch – Henri und Stève – sind Winzer und bieten den Hotelgästen regelmäßig kostenlose Kellerführungen an. Natürlich steht an ihrem Ende ein Glas vor den Teilnehmern – schließlich gilt es das Gehörte und Gesehene mit einem weiterem Sinn zu überprüfen.

Restaurants: Le Pressoir (s. S. 116) im Ort, **Restaurant Edel** (s. S. 121) in Sélestat.

Aktivitäten: Das traditionelle Winzerdorf eignet sich bestens als Ausgangspunkt für Radtouren.

Ausflugsmöglichkeiten: Ein fast komplett erhaltener Mauerring mit drei Stadttoren aus dem 14. Jahrhundert umgibt das nur 2,5 km südlich gelegene **Dambach-la-Ville.** Der Bärenbrunnen, das Rathaus und die Renaissancehäuser bilden an der Grande Place ein wunderbares Ensemble. Ein Spaziergang führt zur gotischen Kapelle St-Sébastien in den Weinbergen.

Nur knapp 10 km sind es bis nach **Sélestat,** im 16. Jahrhundert das geistige Zentrum des Rheinischen Humanismus. Sein Markenzeichen ist der von weitem sichtbare Wasserturm aus dem Jahre 1903; zwei mittelalterliche Tore, schöne Renaissancebauten und Bürgerpalais' aus dem 18. Jahrhundert sowie eine beschauliche Altstadt machen den Charme dieses Ortes aus.

Im Westen liegt das **Val de Villé,** bekannt als Schnapsbrennertal, da hier seit dem 18. Jahrhundert zahlreiche Familie eine Destillier-Erlaubnis haben.

Besichtigung: Die Kirche St-Innocents mit ihren beiden romanischen Stockwerken des Glockenturms; Marktplatz, Ölberg und die Erasmuskapelle an der alten Römerstraße.

Inmitten dieser Frühlingsfarben lassen sich sogar graue Herbststunden ertragen

Arnold

Karte: D 6
98, route des Vins
67140 Itterswiller
Tel. 03 88 85 50 58
Fax 03 88 85 55 54
E-Mail: arnold-hotel@wanadoo.fr
www.hotel-arnold.com
Kreditkarten: alle gängigen außer
Diners
Geöffnet: ganzjährig außer Weihnach-
ten; Restaurant geschlossen 19. Februar
bis 5. März

Preise: DZ 71–105 € im Haupthaus, in der circa 30 m entfernten ›Reserve‹ 93–105 €, Duplex 145–155 € (für zwei Personen), Frühstück 8 €.

Anfahrt: Von Strasbourg auf der N 422/A 35 bis Epfig, dort rechts ab nach Itterswiller.

Das Hotel: Etwas unterhalb der Dorfhauptstraße leuchten aus dem Grün der Rebstöcke sonnengelb die von braunem Fachwerk geäderten Mauern des Hotel Arnold. Ende der neunziger Jahre komplett renoviert, bietet die 1970 erbaute Drei-Sterne-Herberge nun 28 großzügige Zimmer im modern-eleganten Landhausstil. Ein fröhlich-roter, mit Streublumenmotiven übersäter Teppichboden, helle Wandfarben und große Betten mit einem hölzernen Kopfende im Eschenton, der akzentuiert wird durch florale Einlegearbeiten, prägen ihr Ambiente. Vom großen Balkon bzw. der eigenen Terrasse schweift das Auge ungestört über die Weinberge. Ein Salon mit bequemen Sofas und Clubsesseln – ebenfalls wieder in kräftigen Rottönen – lädt zum Plaudern, Lesen und (Karten)Spielen; das Frühstück wird in dem rustikalen länglichen Raum hinter der Rezeption serviert. Von hübschem Porzellan im Großmutterstil mit el-

Das Arnold lockt mit Rebstöcken als Rahmen und Rotweinfarben im Innern

*Elsasstypisches schon zum Frühstück –
gleich kommt auch der Kougelhopf*

sässischen Motiven kann sich der Gast hier u. a. den duftigen hausgemachten Guglhupf schmecken lassen.

Auf der gegenüberliegenden Straßenseite wartet das zum Haus gehörende **Restaurant**; eine zur Institution gewordene (daher auch schon mal von Busreisenden frequentierte) Luxus-Weinstube, in der alte Weinpressen einen urigen Blickfang bilden. Zu den Gewächsen aus dem Keller der Familien Arnold-Simon und ihrer Kollegen aus der Umgebung wird fast die gesamte Palette traditioneller elsässischer Spezialitäten serviert – angefangen vom Zander in Riesling über den Baeckeoffe bis hin zum Choucroute Royale. Das Sauerkraut stammt übrigens aus eigener Herstellung, der Speck wird ebenfalls im Hause geräuchert.

Wer einige Aromen aus Itterswiller bzw. dem Elsass mit zurücknehmen will in die Heimat, muss auch nicht lange suchen: Neben ihrem Restaurant haben die Arnold-Simons eine Souvenirboutique eingerichtet: Von der hausgemachten Foie Gras über die typische Betschdorf- und Soufflenheim-Keramik bis hin zu feinem Silberbesteck, Tischwäsche und allerlei niedlichem Krimskrams ist hier alles liebevoll arrangiert.

Restaurants in der Umgebung: S'Barrerstubel, Place de l'Hotel-de-Ville, Barr, Tel. 03 88 08 57 44. Bodenständige Gerichte wie Salat von Schniederspätzle, Kartoffelplätzchen mit Räucherlachs und Sauerkraut mit Fisch. **Auberge du Maennelstein,** 154a, route de Strasbourg, Gertwiller, Tel. 03 88 08 09 80. Familienfreundliche Adresse mit Spezialitäten wie Hahn in Riesling und Entenbrust mit Cassis.

Ausflugsmöglichkeiten: Der historische Kern des Städtchens **Barr** bezaubert durch das Renaissancerathaus, viel Fachwerk und Kanäle, einst war hier das Gerberhandwerk verbreitet. Hinter dem romanischen Kirchturm beginnt ein Weinlehrpfad; im Musée de la Folié Marco (30, rue Sultzer, geöffnet Mi–Mo 10–12 und 14–18 Uhr, Juni bis Oktober nur Sa/So) sind elsässische Fayencen und Zinnwaren ausgestellt. Auch **Andlau** mit seinen Burgen und **Le Hohwald** mit alten Hotels und grandioser Natur liegen quasi vor der Haustür.

Tipp

Romanisch Radeln

Zwei interessante Touren – die auch gut mit dem Fahrrad zu bewältigen sind – führen um Itterswiller auf die Spur romanischer Architektur. Sie sind 27 bzw. 12 km lang; man steuert u. a. Epfig und Andlau an, Mittelbergheim, Valff und Gertwiller.

14

Zinck

Karte: D 6
13, rue de la Marne
67140 Andlau
Tel. 03 88 08 27 30
Fax 03 88 08 42 50
E-Mail: Zinck.Hotel@wanadoo.fr
www.zinckhotel.com
Kreditkarten: alle gängigen außer
American Express und Diners
Geöffnet: ganzjährig

Preise: 45–92 €, Zusatzbett 15 €, französisches Frühstück 7 €, erweitertes Frühstück 10 €, Aufenthaltstaxe 0,46 € pro Person und Tag.

Anfahrt: Von Strasbourg auf der N 422/A 35 in südlicher Richtung bis zur Ausfahrt Nr. 13/Barr, dann circa 4 km weiter über die D 62.

Das Hotel: Schon von weitem leuchtet das rotumkreiste, türkisblaue ›Z‹ dem Reisenden von der Fassade der einstigen Mühle entgegen. Sie liegt inmitten der typischen, im 16. und 17. Jahrhundert erbauten Häuser des ehemaligen Gerberviertels am Ufer eines Bachlaufes, der noch bis ins 19. Jahrhundert hinein zwölf verschiedene Korn-, Öl- und Sägemühlen sowie eine Hufschmiede antrieb. Nach der industriellen Revolution wurden die Wasserrechte von Unternehmern aus Mulhouse gekauft und die meisten der Mühlen zu Spinnereien umgebaut. Im heutigen Hotel Zinck trieb das Wasserrad bereits um 1840 die Wirkstühle einer der ersten Trikotagenfabriken im Elsass an. Genau 100 Jahre später wurde die Produktion stillgelegt, nach Ende des Zweiten Weltkrieges zwar kurzfristig wieder aufgenommen, aber dann verlagert in eine Fabrik in der Nähe, in der man bereits 1860 das Wasserrad durch eine Turbine ersetzt hatte. Bis 1992 stand die gleiche Familie dem Unternehmen vor – dann wurde es geschlossen und auch die Andlauer Mühle im Gerberviertel stand zum Verkauf. Cathérine Zinck und ihr Mann wohnten zu dieser Zeit bereits auf dem an die Mühle grenzenden Areal. Eines Tages entschlossen sie sich, das Nachbaranwesen zu kaufen – und Gästezimmer einzurichten. Den vorindustriellen Stil des Gebäudes behielten sie bei, paarten ihn mit zeitgenössischer Kunst und aktuellem Design.

Jedes der 18 Zimmer widmet sich einem speziellem Thema – so gibt es ›La Japonaise‹, ›La Coloniale‹, ›L'Empire‹, ›La Baroque‹ oder ›Le Vigneron‹. Auch im Stile von ›Tex Mex‹ kann man sich betten oder ›Jazzy‹ (mit einem Badezimmer in Schwarz-Weiß) und wie in den 50er Jahren – in einer Schlafstatt mit diagonal ansteigendem Kopfende aus Leder mit Knöpfen. Im Anbau sind vier neue, großzügige Zimmer entstanden (genannt Pop, Zen, Cinq und 1001 Nacht), zum Teil von Künstlern gestaltet, wie auch einige Zimmer des Haupthauses. Dort bannt das alte Mühlrad den Blick im großzügigen Entree, welches übergeht in den einige Stufen tiefer liegende Frühstücks- und Aufenthaltsraum. In Vitrinen erinnern hier Spulen, Spindeln und andere Utensilien an die einstige Bestimmung des Gebäudes; neben der Rezeption mit ihren beiden whiskyfarbenen Ledersesseln tut die alte Wirkmaschine ein gleiches.

Restaurants: Au Bœuf Rouge, 6, rue du Docteur Stolz, Tel. 03 88 08 96 26.

Historisches Industriedesign prägt Entree und Salon des Zinck

Pierre Kieffer hat u. a. im Crocodile und bei Bareiss gelernt, bevor er seinen Vater am Herd ablöste, und serviert eine exzellente Klassikerküche – angefangen von Schnecken im Teig bis hin zu Fischknödeln und Lammbraten aus dem Ofen.

Le Relais de la Poste, 1, rue des Forgerons, Tel. 03 88 08 95 91. Die beiden Spezialitäten dieses Andlauer Lokals, das eine Mischung aus Restaurant und Winstub ist, sind Schweinsfuß – und Art Brut. Besitzer Pierre Zinck hegt die gleiche Leidenschaft für moderne Kunst wie sein Bruder im Mühlenhotel.

Besichtigung: Andlau bietet ein schönes mittelalterliches Ortsbild – dominiert von der Fürstlichen Abtei. Richardis, die Gemahlin des deutschen Kaisers Karls des Dicken, gründete sie im 9. Jahrhundert. Eine Bärin, so die Legende, wies ihr die Stätte zur Erbauung des Klosters an. Das Abbild des Tieres ist in Andlau vielfach gegenwärtig. Die dem Paradies gewidmete Portalplastik in der Abteikirche sowie der Relieffries am Westwerk gehören zu den eindrucksvollsten Bildhauerarbeiten der elsässischen Romanik.

Ausflugsmöglichkeiten: Andlau liegt an der **Weinstraße,** zahlreiche interessante Winzeradressen befinden sich in unmittelbarer Nähe. Eine schöne Wanderung von rund 2,5 Stunden führt vom Ortsausgang (in Richtung Hohwald) zu den beiden mittelalterlichen Burgen Château Haut-Andlau und Château Spesbourg.

15

A l'Ami Fritz

Karte: D 6
8, rue des Châteaux
67530 Ottrott-Le Haut
Tel. 03 88 95 80 81
Fax 03 88 95 84 85
E-Mail: hotel@amifritz.com
www.amifritz.com
Kreditkarten: alle gängigen
Geschlossen: 8. Januar bis Anfang
Februar

Von der Dorfwirtschaft mauserte sich
›Freund Fritz‹ zur feschen Winstub

Preise: Preise: DZ 62–120 €, Frühstücksbüffet 10 €, Kinder- oder Zusatzbett 15 €/Tag, Hund 9–11 €/Tag je nach Größe, Aufenthaltstaxe 0,70 € pro Person und Tag. Sonderpauschalen: Gastrowochenende mit zwei Übernachtungen, einem elsässischen und einem Feinschmeckermenü inkl. Aperitif 166–191 € pro Person je nach gewählter Zimmerkategorie.

Anfahrt: Von Strasbourg auf der N 422/A 35 bis zur Ausfahrt Obernai, auf der D 426 weiter Richtung Westen. Das Haus liegt am Ende des Oberdorfs.

Das Hotel: Ursprünglich war der Ami Fritz die Dorfwirtschaft von Oberottrott. Nach der Messe kamen die Männer auf ein Glas Wein, gingen dann zum Essen nach Hause und kehrten gesättigt zum Kartenspiel, begleitet von weiterem Trunke, zurück. Die Vorfahren von Patrick Fritz, Winzer allesamt, konnten so einen Teil ihres Rebensaftes direkt im Ausschank verkaufen. Bis heute hat sich daran nichts geändert – die Domaine Fritz Schmitt spielt auf der Weinkarte eine wichtige Rolle. Doch die

schlichte Kneipe wandelte sich im Lauf der Jahre zum edlen Winstuben-Restaurant, über dem die Gäste heute auch stilvoll nächtigen können. Ein kleines Winzerhaus von 1750 wurde in den Um- bzw. Neubau integriert, 22 Zimmer bietet nun das Haus, jedes mit eigenem Charakter. Da gibt es großzügige mit einer filigranen hölzernen Gitterabtrennung, vor der ein kuscheliges Sofa zum Ausruhen einlädt – oder einen dritten Schläfer aufnehmen kann. Unter der Dachschräge geht es etwas bescheidener zu, was die Quadratmeterzahl anbelangt, dafür bildet das freigelegte Gebälk eine hübsche Augenweide und am Kopfende seines Bettes darf sich der Gast über eine Einlegearbeit mit Weinblattmotiven freuen. Rosé und Bleu als Grundfarben wirken bei der Ausstattung zugleich zart und frisch, sie kommen in den Streifentapeten mit Blütenbordüre ebenso vor wie bei den Stuhlbezügen und anderen Raumtextilien. Alles im Hause Fritz zielt auf das ›bien-être‹, das Wohlgefühl des Gastes. Im großzügigen Entree sinkt er in bequeme, stilvolle Sessel, im **Restaurant,** das Patrick Fritz immer wieder mit neuen kulinarischen Ideen beliefert – der Blutwurststrudel z. B. ist eine leckere Überraschung, Gleiches gilt für die Schweinsfußtorte mit Linsen oder die Hechtknödel auf Sauerkraut – dürfen sich die Augen an einem großflächigen Spindler-Holzbild mit der Antragsszene des ›Ami Fritz‹ erfreuen. Und im urigen Felsenkeller prasselt anheimelnd ein Kamin. Im Sommer hingegen lockt die Straßenterrasse: im Schatten einer uralten Platane kann man hier das typisch elsässische Lebensgefühl genießen.

Restaurants in der Umgebung: L'Agneau d'Or (s. S. 111) und **La Fourchette des Ducs** (s. S. 112) in Obernai.

Ausflugsmöglichkeiten: Direkt vor dem Lokal zweigt der Pilgerweg zum **Mont Ste-Odile** ab, auf dem das vielbesuchte älteste elsässische Kloster steht. Unterhalb des Klosterfelsens sprudelt im Wald die Odilienquelle;

> ## Tipp
>
> ### Rotwein im Unterdorf
>
> In einem schönen alten Hof im Unterdorf bietet Marie-Hélène Schoettel den berühmten Rouge d'Ottrott zur Verkostung an.

sie ergießt sich aus einer vergitterten Grotte in mehrere Sandsteintröge.

Besichtigung: Die Ottrotter Häuser sprechen bei genauerem Hinsehen wie ein Buch; nicht nur ihre Größe und Form, sondern auch ihre Inschriften und Embleme erzählen von der Tätigkeit der Besitzer: Winzer natürlich, Böttcher aber auch Bäcker, Steinmetz und Säbelgraveur. Daneben sieht man die Initialen ihrer Erstbewohner und das Baudatum. Die Spanne reicht hier von 1519 bis zum Ende des 19. Jahrhunderts.

Neben Speis und Trank bieten die Fritzes inzwischen auch geschmackvolle Zimmer

16

Hostellerie
des Châteaux

Karte: D 6
11, rue des Châteaux
67530 Ottrott-Le-Haut
Tel. 03 88 48 14 14
Fax 03 88 48 14 18
E-Mail: hostellerie-châteaux@wanadoo.fr
www.hostellerie-chateaux.fr
Kreditkarten: alle gängigen
Geschlossen: 22. Januar bis 6. März

Preise: DZ 99–205 €, Suite 245–265 €, Apartment 385–400 €, HP 106–283 €, Frühstücksbüffet 13 €, für Kinder 7 €, Aufenthaltstaxe 1 € pro Person und Tag, Hunde 11–19 €, Garage 10 €.

Wärme und Gemütlichkeit strahlt dieses über zwei Etagen reichende Zimmer aus

Anfahrt: Von Strasbourg auf der N 422/A 35 bis zur Ausfahrt Obernai, auf der D 426 weiter Richtung Westen. Das Haus liegt am Ende des Oberdorfs, auf der linken Straßenseite.

Das Hotel: Sabine und Ernst Schaetzel erbauten ihre Hostellerie auf historischem Boden: vier Jahre lang ruhten in den Kellergewölben die Gebeine der Heiligen Odilie. Erst 1799 wurden sie wieder an ihren Ursprungsort im Kloster Ste-Odilie verbracht, wo eine unchristliche Hand einst den Sarkophag geöffnet und den Ortspriester damit veranlasst hatte, die Relique für geraume Zeit in ein sicheres Versteck zu bringen. Inzwischen bergen die unterirdischen Räume des Hauses zwischen Orts- und Waldrand, das Ernst von seinen Eltern als kleines Gasthaus mit 25 Plätzen und fünf Zimmern übernahm, nur

noch die Weinschätze der Hostellerie des Châteaux – und darüber entstand im Laufe der Zeit ein komfortables Landhotel. Ein großzügiges Hallenbad (mit einem modernen Wandbild des lokalen Künstlers Gerard Brandt), Sauna, Hamam, Solarium und ein fast 1000 m² großer Garten mit ausgedehnter Liegewiese – hier kann man wahrlich relaxen; egal ob die Sonne scheint oder der Ste-Odile-Felsen sich im herbstlichen Nebel versteckt. Die 67 Zimmer sind auf zwei, durch eine Passage miteinander verbundene Gebäude verteilt; es gibt verschiedene Kategorien. Unter dem Dach des hinteren Traktes liegen sehr schöne große Zimmer mit separatem Salon; die Nummern 213 bis 217 in einem neu erschlossenen Teil zeichnen sich ebenfalls aus durch eine großzügige Fläche. Edelstes Holz und elegante Bäder harmonieren hier mit klarem, unifarbenem Stoffdekor und zum Teil hohen Schrägen. Manche Zimmer sind im Stil einer modernen Bauernstube ausgestattet (Nr. 516 z. B.), andere erstrecken sich über zwei Etagen (Nr. 400). Sabine und Ernst Schaetzel, beide übrigens echte Ottrotter, lieben kräftige Farben, das zeigt sich bereits beim Fassadenanstrich, setzt sich fort in den Zimmern (nur die älteren, kleineren im Haupthaus wirken etwas blass) und endet beim Dekor der Speiseräume: Mutig mixte die Hausherrin hier Muster und Töne, scheute nicht barocke Üppigkeit. Auch die Küche spiegelt diese Philosophie: es dürfen ruhig ein paar Kalorien mehr sein, eine gute Sauce (etwa aus dem Rouge d'Ottrott und roten Rüben) begleitet den Zander, die Rehnüsschen liegen auf einem Jus-Spiegel, bei dem dunkle Schokolade eine wichtige Rolle spielt und zum Dessert stehen vielleicht Schokoladenbonbons mit Whisky-Eis auf dem Teller.

Restaurants im Ort und in der Umgebung: **A l'Ami Fritz,** direkt gegenüber, **Beau Site,** Place de l'Eglise, Tel. 03 88 95 80 61 – im gleichnamigen Hotel. Der junge Franck Schwoerer bietet u. a. geräucherten Lachs auf Sauerkraut, Zander im grünen Mantel oder ›Verlorenes Brot‹ mit Zimt. **Le Clos des Délices,** 17, route de Klingenthal, Tel. 03 88 95 81 00. Fragen Sie nach der warmen Entenleber mit Kastanienblinis.

Ausflugsmöglichkeiten: Außer dem **Mont Ste-Odile** mit seinem teilweise zum Hotel umgestalteten Kloster bieten sich die beiden mittelalterlichen Ottrotter Burgen als Wanderziele an: **Château de Rathsamhausen** und **Lutzelbourg.** Sie sind von der Rue des Châteaux in einem 30-minütigen Spaziergang zu erreichen; befinden sich jedoch in Privatbesitz und können daher nur von außen besichtigt werden.

Einladend leuchtet es aus altem und neuem Gemäuer zur Speis und Rast

17

A la Cour d'Alsace

Karte: D 6
3, rue de Gail
67212 Obernai
Tel. 03 88 95 07 00
Fax 03 88 95 19 21
E-Mail: info@cour-alsace.com
www.cour-alsace.com
Kreditkarten: alle gängigen
Geschlossen: 25. Dezember bis Ende
Januar

Preise: EZ 75–125 €, DZ 107–146 €, Dreibettzimmer: 138–152 €, Suite (bis zu vier Erwachsene): 266 €, Hochzeitszimmer (1 Ü/F, Früchtekorb, 1/2 Flasche Champagner): 150 €. Frühstück 10 €, Büffet 13 €, Kurtaxe 1 € pro Person/Tag.
HP ab zwei Übernachtungen: EZ 145–173 Euro, DZ 199–232 €, Dreibettzimmer 269–291 €. Sonderangebote ›Festin de l'Oie‹ 209 € pro Person.

Anfahrt: Von Strasbourg auf der N 422/A 35 Richtung Sélestat bis zur Ausfahrt Obernai. Das Hotel liegt am Ende einer versteckten Sackgasse im Herzen der Altstadt.

Das Hotel: Zu den vornehmen Bewohnern Obernais zählte auch die alteingesessene Linie der Barone von Gail. Ihr ehemaliger Stadtsitz an den Wallmauern beherbergt seit 1988 ein luxuriöses kleines Hotel, eine teppichgedämpfte, von keinem Fitness-Raum-Publikum heimgesuchte Oase der Ruhe inmitten des geschäftigen Touristenortes. Allerdings verdankt sie sich nicht den Nachfahren dieser Landherren, sondern einem deutschen Unternehmer, dessen Herz für das Elsass und für Obernai schlägt. Er ließ die komfortable, sehr persönlich geführte Herberge auf den Relikten des mittelalterlichen Anwesens errichten – und gönnte sich selbst auf dem Areal ein Apartment, das er auch regelmäßig nutzt.

Für zahlende Gäste birgt das um einen gepflasterten Innenhof angelegte, zweistöckige Ensemble 43 Zimmer, großzügig alle und hell, mit dezentrustikaler Eleganz und ausgestattet mit Kabelfernsehen, Safe, Minibar, Direktwahltelefon und großzügigen Dusch- bzw. Wannenbädern. Mal setzt ein schöner alter Weichholzschrank, mal eine antike Kommode oder gar ein historischer Kachelofen (in der Suite) einen hübschen Kontrapunkt zu den klaren Linien der zeitgenössischen, meist am Kopfende holzvertäfelten Schlafstätten und den auf cremefarbenem Grund gewirkten feinen Streifenmustern von Möbel- und Vorhangstoffen. Schrägen, Balken und Mauersteine der mittelalterlichen Gebäudereliekte sind geschickt in die Raumplanung integriert. In Nr. 200 zum Beispiel prägt ein naturbelassener Stützbalken die Architektur;

Tipp

Weinbrunnen

Alljährlich Mitte Oktober feiert Obernai an einem Wochenende sein Weinfest: Aus der Fontäne auf der Place du Marché fließt neuer Wein, es gibt Flammekuche, Choucroute garnie und zahlreiche Folkloredarbietungen.

das Hochzeitszimmer im Turm weist noch die spitzbogigen Nischen der mittelalterliche Ausgucke auf und Partien der freilegten rosafarbenen Sandsteinblöcke, die auf einer Dicke von fast 3 m seinerzeit verbaut wurden zum Schutz gegen feindliche Kugeln. Fast die Hälfte der Zimmer weist zum Garten, der im ehemaligen Stadtgraben angelegt wurde. Im Schatten alter Nussbäume lässt es sich dort herrlich entspannen nach einem langen Besichtigungstag.

Hinter der efeubewachsenen Fassade wartet dann zum Speisen entweder der Caveau de Gail, ein elegant-rustikales **Winstubrestaurant** in den Mauern des ehemaligen Weinkellers der Barone, oder Le Jardin des Remparts, ein gastronomisches Highlight in stilvoll-modernem Ambiente mit klassischen Akzenten. Beide werden übrigens versorgt aus derselben, von Gérard Eckert geleiteten Küche, die man vom Hof aus teilweise einsehen kann. Zumindest eine Zutat für seine zeitgemäß-leichte Variante klassischer

Kreationen bzw. die süssen Versuchungen seines Patissiers findet der Chef nur wenige Schritte von seinem Herd: denn im namengebenden Hof des Hotels hinter dem schönen historischen Steinportal wächst ein Kiwibaum, der regelmäßig saftige Früchte trägt. Viele Gäste ernten sie allerdings auch als willkommenes Souvenir.

Besichtigung: Der noch annähernd komplett erhaltene, mittelalterliche Ortskern von **Obernai,** vor allem der Marktplatz mit dem fast 60 m hohen Kapellturm aus dem 13. Jahrhundert, dem Rathaus und der 1554 erbauten Kornhalle (Halle de blé) sowie dem Sechseimerbrunnen (Puit à six sceaux) und dem Fachwerkhof Cour Fastinger mit seinem schönen Schnitzwerk. In einem halbstündigen Spaziergang lässt sich die Stadtmauer mit ihren Wehrtürmen umrunden.

Restaurants in Obernai: L'Agneau d'Or (s. S. 111) und **La Fourchette des Ducs** (s. S. 112).

Wuchtige Mauern beschützen im Turmzimmer nicht nur hochzeitliche Schläfer

Hostellerie du Rosenmeer

Karte: D 5
45, avenue de la Gare
67560 Rosheim
Tel. 03 88 50 43 29
Fax 03 88 49 20 57
E-Mail: info@le-rosenmeer.com
www.le-rosenmeer.com
Kreditkarten: alle gängigen
Geschlossen: Mitte Februar bis Anfang
März

Preise: DZ 75–90 €, Suite 90 €, Zusatzbett 15,24 €, Frühstück ca. 8 € Garage pro Tag ca. 6 €, Tiere pro Tag ca. 6 €, Halbpension 66–75 €.

Anfahrt: Von Strasbourg auf der A 352 nach Westen bis zur Ausfahrt Nr. 11, dann Richtung Obernai. Im Kreisel abbiegen nach Rosheim. Das Hotel liegt noch vor dem historischen Ortskern, schräg gegenüber vom Bahnhof.

Tipp

Berühmte Holzcollagen

Spindler-Bildcollagen aus verschiedenen Hölzern zieren viele Wände im Elsass – und hängen in internationalen Museen. Das Atelier des Vertreters der dritten Generation der Künstlerfamilie von Saint-Leonard steht Besuchern offen; im gleichen Haus ist auch die Arbeit des Vaters und Großvaters von Jean-Charles Spindler mit exquisiten Stücken dokumentiert.

Das Hotel: Ein Bach, dessen Bett bereits im Mittelalter ausgehoben wurde und ein Dutzend Mühlen speiste, gab dem Hotel seinen Namen; er mäanderte von der Burg Guirbaden bis nach Rosheim. Dort kehrten bei der Familie Maetz schon 1850 die Fuhrleute auf ihrem Weg zwischen Strasbourg und Obernai ein. Inzwischen führt die dritte Generation von Maetzes die Bewirtungs- und Beherbergungs-Tradition fort: die Schwestern Chantal und Michèle empfangen zusammen mit ihrer Schwägerin die Gäste voller Herzlichkeit im 1985 neu gebauten Hotel und wechseln sich zudem im Service der Winstub ab; Bruder Hubert steht der gepflegten Küche vor, pflegt mit Passion den Weinkeller und macht mit seinen Kreationen auch in einer eigenen Fernsehshow Furore. Die 20 Zimmer sind in drei Kategorien unterteilt: *Très Agreables*, *Spacieuses* und *Suite*. Zusätzlich zu ihren Nummern tragen sie die Namen von Weinlagen – so heißt etwa die Nr. 9 ›Tokay Gris Kantzerweg‹ oder die Nr. 11 ›Muscat Fleckenstein‹. Die Ausstattung besticht vor allem in den *Spacieuses* auf der ersten Etage: viel helles Holz, zum Teil als gemütliche Schräge auch über dem Bett, Eckbänke, grobes, mit Weinblättern besticktes Leinen oder feine Häkeldecken. Aber nicht nur in den Zimmern, auch auf den Gängen schmeicheln dem Auge des Gastes liebevolle Details: Trompe-l'œil-Malereien, antike Kommoden und ein Aufzug, der wirkt, als sei er aus einem Baumstamm geschnitten. Unter der Woche ist die Hostellerie du Rosenmeer ein beliebtes Ziel für Geschäftsreisende, am Wochenende indes pilgern viele Einheimische in die gemütliche **Winstub**, wo Großvater Maetz

Schon mehr als 150 Jahre währt die Wirtstradition der Familie Maetz

noch immer am runden Tisch seinen Schoppen genießt – ansonsten baut er mit der Gattin im Garten das knackige Gemüse an, welches in Huberts Töpfe wandert und kümmert sich um seine Reben. Die Winstub bietet eine kleine, feine Karte mit wechselnden Tagesgerichten; auf Wunsch werden aber auch die fantasievollen, regional angehauchten Kreationen von der Restaurantkarte serviert.

Besichtigung: In **Rosheim** steht eine der vielleicht schönsten romanischen Kirchen des Elsass: St-Pierre-et-St-Paul. Interessant sind auch die Wohntürme, die Place de la Marie mit ihrem Brunnen aus dem 17. Jahrhundert und die vier Stadttore. In der Rue Général de Gaulle (Nr. 23) fällt ein trutziger romanischer Steinbau ins Auge; er wurde lange Zeit der Edelfrau Williberg von Andlau zugeschrieben, die sich nach 1175 ins Kloster Mont Sainte-Odile zurückzog.

Ausflugsmöglichkeiten: Am Rande des kleinen Weinortes **Rosenwiller** im Wiesental liegt seit dem 14. Jahrhundert ein jüdischer Friedhof (Cimetière Israelite); die Kirche des Ortes weist wunderschöne Glasfenster aus dem 14. Jahrhundert auf. Der Weiler **Boersch** mit seinen spätmittelalterlichen Stadttoren und den Renaissance-Winzerhäusern – typisch elsässische Architektur auf kleinster Fläche. In **Klingenthal** wurde 1730 auf Anordnung von Louis XV die königliche Manufaktur für ›Weißwaffen‹, d. h. Säbelklingen etc. ins Leben gerufen. Von 1838 bis 1962 produzierte sie als Privatbetrieb Coulaux vorwiegend Werkzeug und Sensen. An Sonn- und Feiertagen kann das Maison de La Manufacture d'Armes Blanches besucht werden. Unter dem Namen ›Degenhall‹ hat der Schriftsteller Edzard Schaper dem Ort in seinem gleichnamigen Roman ein literarisches Denkmal gesetzt.

19

A la Ferme

Karte: E 6
10, rue du Château
67150 Osthouse
Tel. 03 90 29 92 50
Fax 03 90 29 92 51
E-Mail: hotelalaferme@wanadoo.fr
Kreditkarten: Eurocard, Visa
Geöffnet: ganzjährig

Preise: DZ 77–83 €, Suiten 106–130 €, Frühstück 12,50 €, Zusatzbett 15,50 € pro Tag, Haustiere 9,50 € pro Tag, Aufenthaltstaxe 0,30 € pro Person und Tag.

Anfahrt: Von Strasbourg über die N 83 nach Süden bis zur Ausfahrt Erstein/Osthouse. Im Ort dem Hinweisschild Château folgen bzw. auf den Kirchturm zusteuern. Das Hotel liegt zwischen Kirche und dem Landschloss derer von Zorn de Bulach.

Das Hotel: Im Geburtshaus der Großmutter, einem typischen Ried-Bauernhof des 18. Jahrhunderts mit Ställen und Tabakscheune, haben Brigitte und Jean-Philippe Hellmann ein kleines Juwel geschaffen. Drei Zimmer erwarten den Gast dort hinter der knallblauen Fachwerkfassade, vier weitere – als Suiten klassifizierte – im etwas zurückgesetzten ehemaligen Schuppen. Individualität und edle Materialen prägen die Ausstattung aller sieben Unterkünfte – von den hellen Dielen bzw. cremefarbenen Teppichböden bis hin zu den exquisiten Bädern mit edlem Friesdekor. Das zum kleinsten, in Weiß- und Blautönen gehaltenen Zimmer Nr. 1 gehörige bezaubert u. a. durch sein Waschbecken

Ein fröhliches Signal familiärer Gastlichkeit setzten die Hellmanns im Ried

im Stil der dreißiger Jahre; in einer der Suiten wurden rund um die marmorierten Doppelwaschbecken Kacheln in gedämpften Weinrot verlegt. Der gleiche Farbton findet sich in den Blattranken auf den ecrufarbenen Leinenvorhängen im Schlafraum wieder. Sandgestrahltes Glas, nostalgische Armaturen und flauschige Bademäntel mehren überdies das Wohlbefinden bei der Morgen- oder Abendtoilette. Wer sich für das Zimmer Nr. 2 entscheidet hat nicht nur einen fabelhaften Blick auf den Treppengiebel und die leuchtend grün lasierten Dachziegel des (privaten) Château Zorn de Bulach aus dem 16. Jahrhundert, sondern schlummert quasi königlich in einem zierlichen, üppig mit Schnitzereien verzierten alten Doppelbett. Den gleichen Holzschwung wie das Schlafmöbel weisen auch die beiden Nachtkästchen auf und das kleine Biedermeiersofa, dessen Bezug trefflich mit dem Lindgrün der Fenstertextilien harmoniert. Das Gros der Zimmer verfügt über einen Balkon bzw. eine kleine Terrasse. Das üppige Frühstück mit frischen Säften, Lachs, Presskopf, Eiern und Käseplatte wird im Erdgeschoss des Haupthauses serviert. An die fünf Tische des lichten Frühstückssalons schließt eine kuschelige Lese- und Plaudereecke an: mit Kachelofen, safranfarbenen Clubsesseln und einer antiken, gepolsterten Sitzbank. In feinen Glasschalen schwimmen hier fast immer frische Blüten, im Entree kann sich der Blick an einer alten Kommode erfreuen. Rasch ist man geneigt, sich in solch einem Ambiente wie in einem Privathaus zu fühlen – und nicht als Gast eines Hotels.

Restaurants im Ort und in der Umgebung: **A l'Aigle d'Or** (s. S. 115), **Jean Victor Kalt,** 41, avenue de la Ga-

re, Erstein, Tel. 03 88 98 09 54. Modernes, etwas kühles Ambiente, aber die Küche lohnt den Weg – angefangen vom lauwarmen Täubchensalat über die Entenleber mit Lebkuchengewürz bis hin zum Schokoladen-Millefeuile an Orangensorbet. **Le Petit Rempart,** 1, rue du Petit Rempart, Benfeld, Tel. 03 88 74 42 26. Probieren Sie das Lachstartar mit dem Flan aus drei Peperoniarten an Portweincreme und das Schokoladeneissoufflé mit Marc de Gewurz. **Au Vieux Couvent,** 6, rue des Chanoines, Rhinau, Tel. 03 88 74 61 15. Der Bach vor der Tür bringt Aromen aus Italien zu französischen Klassikern: Artischocken mit Olivenöl, Barsch in Nusskruste und Sorbet von Rhabarber und Löwenzahn. Schöne Sommerterrasse.

Ausflugsmöglichkeiten: Strasbourg (s. S. 17 und 25).

Eine schöne Ecke, in der man getrost einen Regentag verschmökern oder verplaudern kann.

20

Le Kempferhof

Karte: E/F 5
351, route du Moulin
67115 Plobsheim
Tel. 03 88 98 72 72
Fax 03 88 98 74 76
www.golf-kempferhof.com
Kreditkarten: alle gängigen
Geschlossen: 20. Dezember bis
18. Januar

Preise: DZ 50–100 €, Juniorsuiten 90–170 €, Präsidentensuite 100–230 €, Frühstücksbüffet 12 €, Package Golf & Hotel (mindestens zwei Übernachtungen mit Frühstück) pro Person und Tag 130–190 €.

Anfahrt: Von Strasbourg auf der D 468 bis Plobsheim. Im Ort selbst nach links halten, das Hotel liegt an den Rheinauen und ist gut ausgeschildert.

Tipp

Auf dem Ring durchs Ried

Südlich von Le Kempferhof beginnt das Ried. Vom Château de Werde aus kann man diese Rheinuferlandschaft bestens auf dem Circuit de l'Ill erwandern. Der 10 km lange, weitgehend dem Lauf der Ill folgende Weg, ist mit einem blauen Ring markiert und kann um den 5 km umfassenden Circuit de la Lutter (grüner Ring) erweitert werden.

Das Hotel: ›Out of Africa‹, ›Metropolis‹, ›Casablanca‹, ›Barry Lindon‹ – die Liste der Zimmer im Kempferhof liest sich wie ein Dokument zur Filmgeschichte. Doch so attraktiv das ehemalige Landschloss mitten im elsässischen Ried auch sein mag als Kulisse – gedreht wurde hier bislang keine einzige Sequenz. Und auch die Besitzer haben keine besondere Affinität zum Kino – ihre Passion ist vielmehr der Sport, genauer das Golfspiel. Die Idee mit den Leinwandklassikern (denen vereinzelt Fotos und Plakate in den Zimmern Rechnung tragen) stammt von Michel Moretti, der Mitte der neunziger Jahre vor der Aufgabe stand, das historische Anwesen – sein Erbauer Jean de Dartein paarte die Winkeligkeit Gaudis mit romanischer Strenge – in ein zeitgenössisches Gästerefugium umzuwandeln.

Dreizehn Zimmer konnte er unterbringen hinter den Mauern aus Ziegeln und Holz – aber wer würde schon gerne, so dachte er sich, die Nr. 13 haben wollen, eine Unglückszahl für viele Menschen. Also mussten statt Nummern Namen her – Namen, die ein wenig Nostalgie umwehte, und die ein Erlebnis suggerierten. Zelluloidträume eben. Mitunter gelang Moretti dabei sogar ein Augenzwinkern: ›Spartakus‹ zum Beispiel lässt auch die Assoziation ›spartanisch‹ zu; es ist zwar reich an Atmosphäre, zählt aber zu den kleineren Zimmern – und wird (wie ›Out of Africa‹), wegen Feuchtigkeitsproblemen, die in einem jahrhundertealten Gemäuer oft nicht zu lösen sind, nur (und zum reduzierten Preis) vermietet, wenn keine andere Möglichkeit mehr frei ist. ›Luna‹ hingegen erfüllt alle romantischen Erwartungen, die sich mit seinem Namen verbin-

Filmreif, aber keineswegs aus Kulissenpappe ist das Mobilar im Kempferhof

den: ein kuscheliges, pastelliges Nest im Mezzanin – über einem Badezimmer, das fast die gleiche Grundfläche hat wie der Schlafraum und den Eintretenden sogleich mit großzügigen Ausblicken durch die fein geschliffenen Fensterscheiben in die üppige Natur und auf die Schlosskapelle begrüßt. Am eindrucksvollsten ist sicher die ›Von Stroheim‹-Suite: ein schmaler Gang führt hinter die vertäfelten Wände rund um das gesamte Zimmer, und die Nische im großen Fensterbogen mit ihren zwei gegenüberliegend eingebauten bequemen Ohrensesseln erreicht man über zwei Treppenstufen.

Da der Kempferhof nicht nur ein Golfhotel ist, sondern auch ein beliebter Ort Ziel für kleinere Seminare und Konferenzen, herrscht auf der großzügigen Terrasse meist reger Betrieb. Und der Rezeptionsbereich geht über in einen Shop, in dem man alles kaufen kann, was zum Golfen wichtig ist.

Die Gastronomie hat sich vom einfachen Bistrostil zumindest abends zu Höherem aufgeschwungen; das zeigt sich auch im Ambiente, das statt ›nackter‹ Tische bzw. Platzsets nun eine schöne Eindeckung bietet. Von 2003 an werden die Kellner wohl deutlich mehr Gäste begrüßen dürfen: Dann sollen die 16 neuen Zimmer des Kempferhofs fertig sein.

Aktivitäten: Das Hotel liegt direkt an einem 18-Loch-Golfplatz, der zu den schönsten Europas zählt. Gestaltet wurde er von Bob von Hagge.

Restaurants in der Umgebung: Chez Philippe (s. S. 113) in Blaesheim, **Le Chou' Heim** (s. S. 114) in Krautergersheim und die Lokale von Strasbourg s. S. 23 und 104–106.

Ausflugsmöglichkeiten: Strasbourg liegt nur wenige Autominuten nördlich (s. S. 17 und 25).

21
A l'Arc en Ciel

Karte: E 5
57, rue du Marechal Foch
67113 Blaesheim
Tel. 03 88 68 93 37
Fax 03 88 59 97 75
E-Mail: schadt.anne@wanadoo.fr
Kreditkarten: Visa, Eurocard,
Mastercard
Ruhezeiten wechseln, bitte telefonisch
erfragen

Preise: DZ 44–50 €, inkl. Frühstück, Zusatzbett 7,5 €.

Anfahrt: Von Strasbourg auf der E 25/A 35 nach Südwesten bis zur Ausfahrt Nr 8. Dort auf die D 84 in Richtung Geispolsheim. Oder über die N 422 (Abfahrt 9 von der A 35) und nach circa 3 km links abbiegen auf die D 84. Das Haus mit dem Hinweisschild ›Chambre d'hôte‹ steht nur wenige Meter entfernt von der Kirche.

Das Hotel: Im Gehöft ihrer Amme, der Cousine ihrer Großmutter, erfüllte sich Anne Schadt-Schmidt 1996 einen seit Jugendzeiten gehegten Traum: *Chambres d'hôtes* einzurichten, also Zimmer für zahlende Gäste, die französische Variante des Bed & Breakfast. Als die Cousine der Großmutter, die unverheiratet geblieben war, das Anwesen aus dem Jahre 1839 nicht mehr bewirtschaften konnten, fragte die Familie Madame Anne, ob sie es nicht kaufen wollte. Sie sagte zu – und die Umbauten begannen. 1,3 Millionen Francs steckte das Ehepaar Schadt-Schmidt in die Sanierung und Ausgestaltung ihres neuen Domizils. Das Resultat, sechs Zimmer auf zwei

Etagen, vorwiegend im rechten Flügel des u-förmigen Fachwerk-Bauernhofes, kann sich sehen lassen. Jedes Zimmer ist auf andere Art, stets jedoch mit Möbeln im historischen Stil ausgestattet, einfach, aber gemütlich. In der Nr. 1, dem ›Chambre bleue‹ (mit französischem Bett), setzt die Farbe Blau einen Akzent zu den nussbraunen Holz des Schrankes; in der Nr. 3 (›Chambre jaune‹) gibt Gelb den Ton an, in der Nr. 4, die Platz hat für zwei oder drei Doppelbetten, ist Grün die Hauptfarbe, in der Nr. 5 leuchtet der Bettüberwurf in fröhlichem Rot. ›La chambre rouge‹ ist eines der beiden größeren, über zwei Etagen reichenden Zimmer (für Familien mit Kindern gut geeignet) – und das einzige mit einer Wanne im Badezimmer. Alle anderen verfügen über Duschbäder, deren Grundriss und Charakter verschieden ist, aber durchgängig bei den Fliesen einen hübschen, grafischen Schwarz-Weiß-Kontrast aufweist. Sorgfältig wurden in den Räumen auf der ersten Etage die alten Deckenbalken freigelegt und restauriert, im ehemaligen Kuhstall war das Gebälk indes nicht mehr zu retten, den dort eingerichteten Zimmern fehlt dieses rustikale Attribut. Von den Fensterbrettern und über die Balkonbrüstungen ergießt sich auf dem gesamten Anwesen während der warmen Jahreszeit üppiger Geranienschmuck; und an besonders schönen, heißen Tagen spannt Madame Anne im gepflasterten Hof ein kleines Zeltdach vor den Frühstücksraum und stellt einen langen Holztisch mit zwei Bänken darunter. Auf einer Kommode im Entree hält die Patronne des ›Regenbogens‹ (so die deutsche Übersetzung von Arc en Ciel) für ihre Gäste eine Fülle von Prospekten und Materialien über die Region bereit. Außerdem kann, wer mag, bei ihr auch eine Handvoll Elsässer Weine kosten – und kaufen.

Restaurants in der Umgebung: Chez Philippe (s. S. 113) in Blaesheim, **Le Chou' Heim** (s. S. 114) in Krautergersheim und Restaurants in Strasbourg (s. S. 23).

Ausflugsmöglichkeiten: Nach Strasbourg sind es über die Autobahn nur knapp zehn Minuten. Etwa die gleiche Zeit braucht man in entgegengesetzter Richtung nach **Molsheim.** Die Kleinstadt an der Weinstraße war vom 16. Jahrhundert an Zentrum der Gegenreform im Elsass. Ihr Stadtmauerring ist noch in großen Teilen erhalten. Von der Geschichte des Ortes und seiner Kartause erzählt das Musée de la Chartreuse et de la Fondation Bugatti. Alljährlich im Oktober feiert das Städtchen sein Weinle-

Tipp

La Route du Choucroute

Blaesheim liegt direkt an der ›Sauerkrautstraße‹. Von Juli bis November laden dort einige Hersteller der mit Meersalz angereicherten und in Tüchern zur Gärung gebrachten Delikatesse zum Besuch ihrer Produktionsstätten ein: z. B. Paul Bahr (Blaesheim, Tel. 03 88 68 88 39), Wagner & Cie (Krautergersheim, Tel. 03 88 95 75 25), Xavier Schall (Geispolsheim, Tel. 03 88 68 87 46).

sefest. Die Winzerhöfe öffnen dann ihre Tore und bieten Federweißen und Zwiebelkuchen an, es gibt einen Straßen(jahr)markt und im Rathaus ein Winzeressen mit Musikkapellenbegleitung sowie Probierstände der örtlichen Weinbauern.

Auch ohne seinen Namenspatron ist der ›Regenbogen‹ eine Augenweide

22

Hostellerie
Le Maréchal

Karte: C/D 9
4–6, place des Six-Montagnes-Noires
68000 Colmar
Tel. 03 89 41 60 32
Fax 03 89 24 59 40
E-Mail: marechal@calixo.net
www.hotel-le-marechal.com
Kreditkarten: alle gängigen
Geöffnet: ganzjährig

Preise: EZ 75–90 €, DZ 90–215 €, Apartments 245 €, Zusatzbett 25 €, Frühstücksbuffet 12,50 €, Parkplatz (21–9 Uhr) 7 €, Tier 7 €, Aufenthaltstaxe 0,76 € pro Person/Tag, HP 55 € pro Person zuzügl. zum Zimmerpreis (4 Gänge, ohne Getränke). Specials, z. B. »Schlemmertour«: 2 Ü/F im DZ, ein regionales 5-Gänge-Menü inkl. Wein, ein 8-Gänge-Gala-Menü inkl. Wein, pro Person 300 €.

Anfahrt: Auf der Autobahn A35 bis zur Abfahrt Colmar Süd, über die Rue de la Semm bis zur Route de Bale, dort nach rechts abbiegen, die zweite Möglichkeit links führt dann in die Rue Turenne. Bis zur Brücke durchfahren, dahinter liegt der Place des Six-Montagnes-Noires. Oder von der Rue de la Semm weiter in westlicher Richtung in die Rue Bartholdi und an der zweiten Kreuzung rechts.

Das Hotel: Elsass aus dem Bilderbuch: Ein vierteiliges Fachwerkensemble im Herzen von Colmars historischem Stadtviertel Petite Venise, direkt am Ufer der Lauch, mit Platz für 30 Gäs-

Tipp

Lesen und Stöbern

Für Liebhaber alter Bücher ist die Rue des Marchands 36 in Colmar ein Muss. Ob Kochkompendien aus Großmutters Zeit, Hansi-Alben oder historische Elsasspostkarten und -stiche: hinter der Fassade des Martin Schongauer-Hauses aus dem 15. Jahrhundert findet sich alles, was das bibliophile Herz begehrt.

tezimmer. Jedes von ihnen trägt den Namen eines mehr oder minder berühmten Komponisten und strahlt die Eleganz vergangener Epochen aus, sei es jene von Louis XV oder Louis XVI oder jene des Bürgerkönigs Louis Philippe. Doch ob nun 18. oder 19. Jahrhundert, ob Himmelbett, Baldachin oder goldenen Schnörkelkrönchen-Rahmen an der Wand hinter des Schläfers Haupt, ob großzügiges Apartment (zwei gibt es davon) oder verwinkeltes Mansardenstübchen – die rustikalen Deckenbalken sind allen gemeinsam. Mal leuchtet es dazwischen sonnengelb, mal meeresblau – und neben dem nostalgischen Kronleuchter hängt oft ein ebensolcher Ventilator. Ungeachtet all dieser romantischen Draperien birgt jeder Raum zeitgenössischen Komfort: angefangen vom Farbfernsehgerät über die Klimaanlage bis hin zur Whirlpoolbadewanne (oder zumindest Mehrstrahldusche). Nostalgisch mit Zugeständnissen an die Moderne geht es auch im Salon und im **Restaurant** L'Echevin zu. Holz in allen – aber vor allem dunklen – Variationen spielt dabei wiederum eine wichtige Rolle, gepaart mit kräftigen Farbtönen. Gespeist wird in einem langen, schmalen Saal, dessen Fensterfront auf die Lauch hinausgeht, in deren Wellen sich die Lichter der gegenüberliegenden Fachwerkhäuser spiegeln und die Schatten der typischen flachen Barken. Kerzen flackern und von irgendwoher perlt klassische Musik. Aus der Küche kommt Klassisch-Regionales ebenso wie Fantasievolles – Zander in Rhabarbermarinade zum Beispiel oder ein köstliches Lebkucheneis. Beides lässt sich trefflich paaren mit den Elsässer Weinen, von denen der Keller der Hostellerie Le Maréchal eine prachtvolle Auswahl vorrätig hält.

Besichtigung: Die Altstadt von **Colmar** beginnt direkt vor der Haustür. Ob Petite Venise oder das Quartier des Tanneurs, Musée Bartoldi oder das Museum Unterlinden mit dem berühmten Isenheimer Alter – alles lässt sich bequem zu Fuß erreichen.

Restaurants: Au Fer Rouge (s. S. 117), **Winstub Brenner** (1, rue de la Turenne, Tel. 03 89 41 42 33) – optisch zwar nicht unbedingt gelungen, aber es lohnt sich, die kulinarischen Vorlieben des gelernten Patissiers Gilbert Brenner zu teilen. Exzellente Weinauswahl, im Sommer Terrasse an der Lauch. **L'Auberge** (7, place de la Gare, Tel. 03 89 23 59 59) Brasserie im Stil der Jahrhundertwende mit Tagesgerichten, einem gut gezapften Bier oder einem Pichet Wein. **Au trois Poissons,** 15, quai de la Poissonnerie (Tel. 03 89 41 25 21): Uriges Fischrestaurant mit Bouillabaise, fritiertem Karpfen oder Seezunge Müllerinnen Art .

Salon de Thés, Cafés und Bars: Richon, 8, rue Stanislas (Tel. 03 89 41 26 84), in Marmor gehaltene Traditionsadresse mit herrlichen Patisserien. **Le Krutenau** (1, rue de la Poissonerie, Tel. 03 89 41 18 80), echte Bierbar mit französischen und ausländischen Gerstensäften.

Venedig-Feeling für Storchenfans – das Maréchal macht's möglich

23

Hotel Les Têtes

Karte: C/D 9
19, rue des Têtes
68000 Colmar
Tel. 03 89 24 43 43
Fax 03 89 24 58 34
E-Mail: les-tetes@rmcnet.fr
www.la-maison-des-tetes.com
Kreditkarten: alle gängigen
Geschlossen: im Februar

Preise: DZ 91–230 €, Dreibettzimmer 207–269 €, Duplex 208 € (2 Personen) bzw. 247 € (3 Personen), Kinderbett 13 €/Tag, Zusatzbett 39 €/Tag, Aufenthaltstaxe 0,80 € pro Person und Tag, Frühstück 12 €, Tiere 10 €/Tag.

Anfahrt: Auf der Autobahn A 35 bis zur Abfahrt Colmar Süd, über die Rue de la Semm bis zur Route de Bale, dort

Behutsam erweitert und weinig begrünt bittet ›Les Têtes‹ nun auch zur Rast

Tipp

Kaffee mit Kokosnuss

Zugleich Kaffeerösterei und Salon de Thé ist Au Bon Nègre, 9, rue des Têtes. Zu jeder Tageszeit gibt es hier einen Grund einzukehren: ob auf einen rauchigen Earl Grey oder eine mexikanische Schokolade, ein Zitronentörtchen oder einen Kaffee mit Kokosnuss.

nach rechts abbiegen, die zweite Möglichkeit links führt dann in die Rue Turenne. Bis zur Brücke durchfahren, in die Grand Rue. Durch die Rue des Clefs nach links bis zur Rue des Unterlinden. Etwa auf der Höhe der Place de La Marie wieder links halten.

Das Hotel: Jeder kennt dieses Renaissancegebäude, das als eines der schönsten, zumindest aber als das auffälligste der Stadt gilt. Mehr als 100 groteske Masken und Figurinen schmücken seine Fassade – daher der Name ›Haus der Köpfe‹. Einst diente es als Weinbörse – seit 1898 indes bergen seine – zum Teil im alten Festungsgraben Colmars erbauten – Mauern ein Restaurant. 1994 sorgten dann Carmen und Marc Rohrfritsch dafür, dass man nicht nur stilvoll speisen kann im Maison des Têtes, sondern auch ebenso nächtigen. Vorsichtig bauten sie das um einen gepflasterten, inzwischen mit wildem Wein bewachsenen Innenhof gruppierte Gebäudeensemble um und aus, schließlich galt es Rücksicht zu nehmen auf eine fast 400 Jahre alte – und daher etwas fragile – Fachwerkarchitektur. An der Stirnseite des Hofes betritt man nun das kleine Hotel – ein großzügiges, lichtdurchflutetes Entrée, in dem sich Rustikales mit Elegantem verbindet. Die grobsteinigen, unverputzten Wände sind zum Teil identisch mit dem mittelalterlichen Ringwall der Stadt; ein schlanker, cremeweißer Kachelofen, filigrane Eisenleuchter und bequeme Sessel mit geflochtenen Rücken bilden einen hübschen Kontrast zur kassettierten hölzernen Decke. 18 Zimmer bieten die Rohfritschs ihren Gästen zur Wahl, jedes individuell geschnitten und ausgestattet. Das Attribut anheimelnd haben jedoch alle verdient, ob sich nun hinter der – von Pierre Quinton – ortsansässigen Künstler – dekorativ bemalten Türe ein eher kleiner, vom Blauton der Vorhänge geprägter Raum befindet (wie die Nr. 103), eine Maisonette oder ein großzügiges Ensemble mit rotem Sofa und Marmorbad (Nr. 109). In der oberen Etage prägen gemütliche Schrägen und offenes Balkenwerk den Charakter der Unterkünfte, zierliche Möbel setzen dazu einen hübschen Kontrapunkt. Aus den kleinen Fenstern blickt man hier auf die verwinkelte Dachlandschaft des alten Colmar. Alle Zimmer sind im übrigen ausgestattet mit Minibar, Direktwahltelefon, Farb-TV und Safe. Außerdem verfügt das Hotel über einen Privatparkplatz.

Ein Wort noch zum **Restaurant:** allein das Dekor, die honigfarbenen Boiserien aus der Zeit um 1900, wären Anlass genug für einen Besuch. Doch in der Regel kommt man wegen der raffinierten Küche von Monsieur Marc, die sich mal traditionsbewusst gibt und mal innovativ. Auf gehobenem Niveau – in jeglicher Hinsicht. Probieren Sie einmal die Gänseleberpastete mit Apfelgelee, die sämige Hechtmousse oder

Der jüngste Kopf des Hauses trägt eine ›toque‹ und wirkt hinter der Fassade

den Ochsenschwanz an Foie Gras »im grünen Kleid«!

Besichtigungen: Neben der gotischen Kathedrale St-Martin, dem gegenüberliegenden ehemaligen Stadtwachenhaus Corps de Garde, dem Maison Pfister, dem Koifhus sowie den traditionsreichen Stadtvierteln und Museen lohnt auch der Besuch des modernen Musée d'Histoire Naturelle. Hier erhält man auch Informationen zur Flora und Fauna des Elsass.

Restaurants: Rendez-Vous de Chasse (s. S. 118), **Meistermann** (2a, avenue de la République, Tel. 03 89 41 65 64): Für jeden Geschmack und für jede Geldbörse etwas – so lautet das Motto der seit 1880 etablierten Brasserie. **Au Croissant Doré** (28, rue des Marchands, Tel. 03 89 23 70 81): Tarte Flambée und andere salzige oder süße Snacks in authentischem Art Nouveau-Ambiente.

24

Hotel des Berges

Karte: D 8
4, rue de Collonges au Mont-d'Or
68970 Illhaeusern
Tel. 03 89 71 87 87
Fax 03 89 71 87 88
E-Mail: hotel-des-berges@wanadoo.fr
Kreditkarten: alle gängigen
Geschlossen: im Februar

Preise: 225–255 €, Juniorsuiten 305 €, Suite 370 €, La Maison du Pecheur (Einzelhaus) 415 €, Frühstück 30–35 €.

Anfahrt: Von Colmar auf der N 83 nach Norden bis zum Abzweig der D 106. Unter der Brücke nach links halten nach Guémar. Das Hotel liegt am Ortseingang von Illhaeusern, auf der rechten Seite hinter der Brücke.

Wohnlichkeit bis ins Detail prägt das Hotel der Familie Haeberlin

Tipp

Silberner Blick

Fernrohre, Mikroskope, Sextanten und andere optische Geräte aus drei Jahrhunderten versammelt das Musée de l'Optique in Biesheim. Die zum Teil aus edlen Materialen wie Silber, Messing, Ebenholz und Elfenbein gebauten Instrumente spiegeln die Entwicklungen der Astronomie, Seefahrt, Landvermessung bis hin zur Lasertechnik (Place de la Marie, Tel. 03 89 72 01 59, geöffnet Mittwoch bis Sonntag 14–18 Uhr, Donnerstag 9–13 Uhr).

Das Hotel: Schöner kann ein Hotel wohl kaum liegen: am Ufer eines Flüsschens, inmitten eines großzügigen, gepflegten Gartens mit uralten Trauerweiden, Birken und Pappeln, blühenden Hecken und englischem Rasen. Das Anwesen gehört zur Auberge de L'Ill, dem seit mehr als 100 Jahren existierenden Feinschmeckerlokal der Familie Haeberlin – und wird von Schwiegersohn und Tochter des derzeitigen, inzwischen betagten Maître geführt. Obwohl 1993 neu erbaut, wirkt das ›Haus der steilen Böschungen‹ wie sein Name übersetzt lautet, als sei es schon immer dort gestanden. Architekt Yves Boucharlat ließ sich bei seinen Plänen vom Charakter eines historischen Gehöfts mit der für das elsässische Ried typischen Tabakscheune inspirieren – und verband dieses ländliche Ambiente mit dem Flair edler Havannas. Acht Zimmer, zwei Suiten und das etwas abseits vom viergeschossigen Hauptgebäude gelegene ›Fischerhaus‹ (für einen völ-

Natürlichkeit in stilvoller Klarheit erwartet den Gast am Ufer der Ill

lig ungestörten Aufenthalt zu zweit) stehen den Gästen nun zur Verfügung – alle mit großzügigen Ausblicken in die Natur. Kaffeebraune Lamellenbalkons, kornfarbene Dielen, whiskyblondes Holz an den Decken (und zum Teil auch an den Wänden) lassen stets ein Gefühl von Wärme aufkommen – unabhängig von der Größe des Raumes. Dazu passen Stoffe in Naturtönen – Sand, Honig, Vanille, Terrakotta, Rosenholz etc. –, Korbmöbel und zierliche Franklin-Kamine. Jedes Zimmer hat sein eigenes Gesicht, immer herrscht jedoch der Eindruck kultivierter Lässigkeit. Das setzt sich fort bis in die Bäder – deren Ausstattung und Farbgebung bei aller Modernität ebenfalls der Philosophie gehobener, sinnlicher Gastlichkeit entspricht. Bliebe noch anzumerken, dass ein Stück der prallen Natur um das Haus auch in seinen Mauern wiederzufinden ist – in Gestalt von sorgfältig platzierten Grünpflanzen und Blumenarrangements. Ein Hafen der Ruhe – aber mit einem für viele doch recht beunruhigenden Preis.

Restaurants: Auberge de l'Ill (s. S. 119), **Winstub du Sommelier,** Bergheim (s. S. 124), **Edel** (s. S. 121) in Sélestat, die Gasthäuser von Colmar.

Aktivitäten: In unmittelbarer Nähe des Hotels können am Ufer der Ill Boote gemietet werden für eine gemütliche Paddeltour auf dem Flüsschen.

Ausflugsmöglichkeiten: Colmar und **Sélestat,** die **Weinstraße** und auf der anderen Seite der Ill ca. 20 km südlich das geruhsame, fast gänzlich aus rotem Sandstein erbaute Städtchen **Neuf-Brisach.** Seine achteckige Anlage datiert aus dem frühen 18. Jahrhundert und gilt als eines der Paradebeispiele für die Architekturphilosophie von Sébastien le Prestre de Vauban, dem Festungsbaumeister Ludwigs XIV.

25
La Clairière

Karte: D 8
50, route de Illhaeusern
68970 Guémar-Illhaeusern
Tel. 03 89 71 80 80
Fax 03 89 71 86 22
www.hotel-la-clairiere.com
Kreditkarten: alle gängigen
Geöffnet: ganzjährig

Preise: DZ 103–200 €, Suite-Apartment 238–284 €, Frühstück 13 €.

Anfahrt: Von Colmar auf der N 83 nach Norden bis zum Abzweig der D 106. Unter der Brücke nach links halten nach Guémar. Das Hotel liegt kurz hinter dem Ortsausgang auf der linken Straßenseite.

Das Hotel: Am Rand des Illwalds, in einer stillen, von Mais- und Tabakfeldern geprägten Region, schufen Marie-France und Roger Loux vor gut einem Vierteljahrhundert dieses kuschelig-elegante 25-Zimmer-Refugium – in Sichtweite fast zu Rogers einstigem Arbeitgeber, der Familie

In solch anmutig-lichter Umgebung haben dunkle Träume keinerlei Chance

Haeberlin von der berühmten Auberge de l'Ill. Ein Großteil der Gäste des Drei-Sterne-Restaurants im Nachbarort nimmt traditionell in der Clairière Quartier und lässt sich beim Frühstück die butterzarten Croissants schmecken, welche Monsieur Roger noch jeden Morgen höchstselbst bei ›seinem‹ Dorfbäcker holt. An dessen Ruhetag nimmt der Hausherr einen weiten Weg in Kauf, um ordentlichen Ersatz bieten zu können. Engagement wird großgeschrieben bei der Familie Loux – das zeigt sich schon beim freundlichen Empfang an der Rezeption, wo man ohne Umstände zum Schlüssel greift, um dem Durchreisenden die noch freien Zimmer zu zeigen. Ein Himmel aus zarter weißer Spitze schwebt in einem (der Nr. 31) über dem Bett, in einem anderen überwölbt die breite Schlafstatt ein hölzerner Baldachin und am Kopfende bauscht sich der gleiche edle Stoff in Rot- und Goldtönen, aus dem auch der Überwurf ist. Die Ausstattungspalette umfasst aber auch Zimmer in rustikalem Karodekor oder in edlem Türkis-Grün (Nr. 32). Die Nr. 30 ist in Blau gehalten und wird dominiert von einem Himmelbett, das großzügige Apartment (Nr. 28) prägen Schrägen, Balken und Blütenstoffe in Altrosé und Kupfer. Die Bäder sind meist hell und modern – grauer Marmor bildet einen feinen Kontrast zu den weißen Fliesen, großflächige Spiegel und Glasetageren sorgen für Weite und Transparenz. Das im Stil eines traditionellen Elsässer Gehöfts erbaute Hotel mit tiefgezogenem Dach und Fachwerkfassade hat selbst kein Restaurant, aber als Ex-Maître d'Hotel der Auberge de l'Ill kennt Roger Loux natürlich eine Vielzahl guter Adressen, die er gern an

Tipp

Besinnlicher Glanz

Jedes Jahr ab dem 24. November verzaubert Lichterschmuck die Altstadt von Colmar. In abendlichen Führungen kann man die illuminierte historische Architektur mit neuem Blick entdecken. Als Metropole im ›Land der Weihnachtssterne‹ (Kaysersberg, Munster, Turckheim, Trois-Epis, Ribeauvillé, Riquewihr, Eguisheim, Neuf-Brisach) bemüht sich Colmar besonders, eine attraktive Weihnachtsmarktstimmung zu schaffen.

seine Gäste weitergibt – von der einfachen Winstub bis hin zum sternverdächtigen Newcomer-Lokal.

Aktivitäten: Zum Hotel gehören ein großzügiger Swimmingpool und ein Tennisplatz. Ein Golfterrain liegt in unmittelbarer Nähe.

Ausflugsmöglichkeiten: Nach Colmar und Sélestat sind es mit dem Auto jeweils nur wenige Minuten, die Elsässische **Weinstraße** liegt nur knapp 5 km entfernt. Hier lohnt gleich ein Halt in Bergheim, um die Weine von Sylvie Spielmann zu verkosten.

Restaurants: Auberge de L'Ill (s. S. 119), **Auberge à l'Illwald** (s. S. 120), **Auberge d'Artzenheim** (30, rue du Sponeck, Artzenheim): Edgar Husser pflegt eine verschlankte Klassikerküche, probieren Sie sie anhand der Menüs, das kommt günstiger. Spezialitäten: Roher Lachs in Senfkornmarinade, Zander mit Krebsen.

26

Hotel Le Parc

Karte: C/D 7
6, rue du Parc
68590 Saint-Hippolyte
Tel. 03 89 73 00 06
Fax 03 89 73 04 30
E-Mail: hotel-le-parc@wanadoo.fr
www.le-parc.com
Kreditkarten: alle gängigen
Geschlossen: 15. Januar bis 8. Februar

Preise: DZ 75–125 €, Vierpersonen-studios 130–140 €, Frühstücksbüffet 12 €, Halbpension 35–40 € pro Person je nach Zimmerkategorie, Garage 8 €, Haustiere 8 €, Sauna/Hammam 13 €/Stunde.

Anfahrt: Von Colmar auf der N 83 in Richtung Norden bis zur Abfahrt

Die Giebelform zollt der Tradition Respekt, der Anstrich leuchtet zeitgemäß

Tipp

Abenteuer Silberstollen

Die bereits im 16. Jahrhundert angelegten Galerien der Silbermine St-Louis Eisenthür in Sainte-Marie-aux-Mines sind das ganze Jahr über für Besucher im Rahmen einer Gruppenführung zugänglich. Telefonische Anmeldung ist jedoch unbedingt erforderlich (Tel. 03 89 58 62 11). Stiefel, Wachsjacken und Helme mit Licht werden gestellt, man sollte sich aber warm anziehen und möglichst nicht gerade Sonntagskleidung tragen.

Saint-Hippolyte, dort auf die D 1 bis Saint-Hippolyte. Das Hotel liegt in der Ortsmitte, in einer Parallelstraße zur Hauptverkehrsader.

Das Hotel: Fachwerk modern – in Pink und Blauviolett-Blau strahlen die Fassaden der neuen Giebelbauten, mit denen das Ehepaar Kientzel 1995 die einst schlichte Familienpension zu einem großzügigen Landhotel erweiterte. 42 charmante Zimmer birgt nun dieses zur Vereinigung der Logis die France zählende Haus; zum Teil ausgestattet mit Parkett und Balkon. Ob groß oder klein, verwinkelt oder übersichtlich, auf zwei Etagen oder einer Ebene – überall trifft man in den Räumen auf aparte Farbgebungen und helles Mobiliar, in einer Mischung aus historischen Stilen und zeitgenössischer Bauernromantik. Im weitläufigen Zimmer Nr. 104 etwa bauschen sich rotgelb karierte Vorhänge an den hölzernen Pfosten des Himmelbetts, und die

zierlichen Sessel sind mit gelb-rot-ge-
tupftem Stoff bezogen. Nr. 103 hat
blau-grün-gestreifte Wände, und das
Kopfende des Bettes ist honigfarben
getäfelt; die Apartments mit luftiger
Holztreppe strahlen in Gelb oder
transparentem Azur, mitunter prägt
auch ein kräftiger Tomatenton das Ambiente. Die Bäder sind durchweg nicht
besonders üppig dimensioniert, aber
exquisit mit weißen Kacheln und Granit ausgestattet; auch Saunahandtücher
liegen bereit. Und schon vom Gang
signalisieren die Wohnungen auf Zeit
Behaglichkeit – mit hübsch einfassten
Türblättern. Sonnen- und Speiseter-
rasse ergänzen das Raumangebot.

Im alten Kern des Hauses erwartet
den Gast neben dem historischen Mu-
sikschrank das urige Rabseppi-Stue-
bel, wo man die Weine von Saint-
Hippolyte (darunter auch einer der
wenigen Elsässer Roten) genießen
kann. Im eleganten, sonnenfarbenen
Restaurant bezaubert Joseph Kientzel durch seine köstlichen kulinarischen Harmonien aus Elsässer Tradition und persönlicher Inspiration;
sterneverdächtig ist ihre Qualität, zum
Glück aber noch nicht der Preis. Carmen Kientzel und ihr Team begrüßen
und umsorgen den Gast in herzlichs-
ter Weise; geben Tipps für Ausflüge
und Freizeitgestaltung. Offenheit in
jeder Hinsicht prägt den Charakter
dieses Hauses; seine Besitzer mögen
unzweifelhaft das, was sie tun.

Aktivitäten: Zum Haus gehören ein
Hallenbad mit Jacuzzi, Fitnessraum,
Sauna, Dampfbad und Solarium.

**Restaurants: Au Rouge de St-Hip-
polyte** (s. S. 123), **Auberge St-Martin** (s. S. 122) in Kintzheim, **Winstub
du Sommelier** (s. S. 124) in Bergheim.

*Auch bei der Ausstattung setzten die
Kientzels auf einen harmonischen Mix*

Ausflugsmöglichkeiten: Auch wenn
es an manchen Tagen schwierig ist,
bei all dem Andrang einen Parkplatz
zu bekommen – die **Haut Koenigsbourg** darf bei einem Elsass-Besuch
nicht fehlen. Der deutsche Kaiser
Wilhelm II. ließ Anfang des 20. Jahrhunderts die damals in Ruinen liegende, einst bedeutendste Stauferburg
zum Zeichen der Inbesitznahme von
Elsass-Lothringen neu errichten. Zur
›spätmittelalterlichen‹ Architektur und
Ausstattung gibt es vor allem im Sommer vielerlei Spektakel – anfangen
von Theater- und Musikaufführun-
gen bis hin zum Ritterschmaus im
Burgrestaurant. An den Burgruinen
von **Kintzheim** wartet ein anderes
Spektakel: dort lassen Falkner ihre
Greifvögel fliegen. Unweit des Flug-
schauplatzes kann man auf dem **Mont
des Singes** eine andere Tierart bestaunen: Berberaffen aus dem Atlas-
gebirge sind hier heimisch geworden.

27

Hostellerie de l'Abbaye la Pommeraie

Karte: D 7
8, avenue du Maréchal Foch
67600 Sélestat
Tel. 03 88 92 07 84
Fax 03 88 92 08 71
E-Mail: pommerraie@relaischateaux.fr
www.relaischateaux.com
Kreditkarten: alle gängigen
Geöffnet: ganzjährig, Restaurant
Sonntagabends und Montagmittags
geschlossen

Preise: DZ 122–275 €, Zusatzbett
20 €, Kinderbett 12 €, Frühstück
14,50 €, HP 46 € pro Person/Tag,
Garage 10 €, Tier 6 €, Aufenthaltstaxe 0,61 €.

Wo einst Kirchenherren und ein Baron
logierten, ist nun der Hotelgast König

Tipp

Kelsch nach Maß

Im Rieddörfchen Muttersholtz ist
seit zweieinhalb Jahrhunderten das
Leinenweberhandwerk zu Hause.
Die Familie Gander stellt dort die
typisch elsässischen Kelschs, also
Karostoffe, als Meter- und Maßwa-
re her (Atelier und Verkauf: Rue de
l'Etang, Tel. 03 88 85 15 32, jeden
Nachmittag außer sonntags).

Anfahrt: Von Colmar auf der N 83
nach Sélestat, im Zentrum vor der
großen Kreuzung an der Avenue Maréchal Foch rechts abbiegen. Das Hotel
liegt zwischen der ersten und der zweiten Straße, die nach links einmünden.

Das Hotel: Ursprünglich war das
schmucke Ensemble mit efeuberank-
tem Türmchen und steilem Schindel-
dach eine Dependance der Abtei
Baumgarten. Beim Übersetzen des
deutschen Namens ins Französische
passierte dann offensichtlich ein Miss-
geschick – aus dem Baum- wurde ein
Apfelgarten, zumindest auf dem Papier. Einen Garten aber gab es immer,
ob nun königliche Lieutnants, Mi-
litärgouverneure oder schließlich Baron d'Empire Baudinot in dem Anwesen logierten, bevor es 1990 zum Hotel umgewandelt wurde. Und es gibt
ihn bis heute: mit Ziersträuchern und
gepflegtem Rasen, auf dem man sich
bei milder Witterung an einigen
Tischchen niederlassen kann. Betrachten kann man das sorgsam arran-
gierte Grün auch aus den bis zum Boden reichenden Fenstern des rustikalen kleinen **Restaurants,** welches 1992

neu angebaut wurde und – nachdem der Apfel nun schon mal im Namen des Hauses verewigt war – ›Apfelstübel‹ heißt. Grünweiße Stoffe und blondes, zu Wandschränken und barocken Regalen verarbeitetes Holz prägen diesen gemütlichen Raum, in dem der ebenso aufmerksame wie charmante Service morgens auch das Frühstück serviert. Das ›Restaurant Gastronomique‹ indes empfängt den Gast in edler Großzügigkeit, mit locker platzierten Rundtischen, Kristalllüstern und sahnefarbener Helligkeit.

Im Stil von Versailles kann man in der ›Apfelgarten‹-Abtei heute schlummern

Die zehn Zimmer und vier Apartments (alle klimatisiert, mit Farb-TV und Minibar) repräsentieren ebenfalls verschiedene Stile: die Epoche von Louis XVI stand Pate bei den größten, mit dekorativ verblendeten Alkoven, goldgefassten Spiegeln und seidig schimmernden Pastelltönen. Sie liegen hauptsächlich auf der ersten Etage, wo sich auch die mit hübschen Antiquitäten ausgestattete, etwas schlichtere Nr. 105 befindet, mit einer langen Fensterfront und einem offenen Erkerchen. Im zweiten Stock geht es etwas weniger prunkvoll zu, klare, fast nordisch wirkende Formen und Farben, kombiniert mit viel honigfarbenem Holz, prägen den Charakter dieser Räume. Die über zwei Ebenen reichenden Apartments im Dachgeschoss atmen indes moderne Bäuerlichkeit – mit Holzdecken, offenem Gebälk, feingemusterten, harmonisch aufeinander abgestimmten Wand-, Stuhl- und Sofabespannungen. Vom Zimmer Nr. 303 hat man übrigens einen tollen Blick auf die Haut Koenigsbourg. Doch ob Mansardenstock oder Belle Etage, ob weiße Boiserien oder dunkle Balken, ob verspielt oder eher sachlich – stets liegt ein Hauch von Luxus über dem Ambiente. Das gilt auch für die Bäder – die teilweise mit Säulen und Rolexarmaturen prunken, oft die verschiedenen Funktionen durch Stufen trennen und fast immer zwei nebeneinanderliegende Waschtische haben. Mitunter driftet dieser Ansatz (wie auf der Gästetoilette im Erdgeschoss) geradezu ins Schwülstige – wenn zum Beispiel das Wasser für das Handwaschbecken aus einem vergoldeten Schwanenhals fließt. Üppigkeit in uneingeschränkt angenehmer Hinsicht spiegelt indes der Weinkeller der Abbaye de la Pommeraie: nahezu alle großen Namen des Elsass sind hier zu finden – und so manche Überraschung.

Besichtigung: Die Kirche Ste-Foy, ein prächtiges Beispiel der Elsässischen Romanik, St-Georges, eines der größten gotischen Gotteshäuser der Region, der Prälatenhof Résidence Ebersmünster (nur von außen), die Reste der Vauban-Befestigung sowie die beiden mittelalterlichen Stadttore.

Restaurants in Sélestat: Edel (s. S. 121).

28

Auberge La Meunière

Karte: C 7
30, rue Ste-Anne
68590 Thannenkirch
Tel. 03 89 73 10 47
Fax 03 89 73 12 31
E-Mail: info@aubergelameuniere.com.
www.aubergelameuniere.com
Kreditkarten: alle gängigen außer
American Express und Diners
Geschlossen: 20. Dezember bis 25. März

Preise: DZ 60–81 € inkl. Frühstück, Duplex 84 € inkl. Frühstück, Aufenthaltstaxe 0,60 € pro Person/Tag, HP 42–59 € pro Person, VP 55–72 €; Hund 7 €.

Anfahrt: Von Colmar auf der N 83 in nördlicher Richtung bis zum Abzweig der D 42/1 nach Bergheim. Hinter dem Ort verläuft die D 42 in westlicher Richtung etwa 6,5 km durch das Bergenbachtal. Das Hotel liegt am Ortseingang, an der Hauptstraße.

Das Hotel: Etwas unterhalb des Straßenniveaus steht dieses behäbige Haus mit schlichter, teils nur sandfarben getünchter, teils komplett mit dunklem Holz verkleideter, an jedem der vielen Fenster jedoch üppig mit Blumen geschmückter Fassade. Erst auf den zweiten Blick entdeckt man, dass der historische Bau offenbar erst vor kurzem eine Erweiterung erfuhr: Das Holz dieses Teils hat einen noch frischen Honigton, die Fenster sind großzügiger, und ein quadratischer Natursteinturm reckt über dem Fachwerk-›Kopf‹ sein sichtlich neues rotes Spitzdach in den Himmel. Tatsächlich hatte Jean-Luc Dumoulin, der die Au-

Tipp

Reben-Erlebnis

Jean-Marie Stoeckel, ausgezeichnet als einer der besten Sommeliers Frankreichs, gibt seine exzellenten Weinkenntnisse nach dem Verkauf seiner ›Winstub du Sommelier‹ nun nicht nur als Berater weiter, sondern führt auch Touren durch die Rebgärten (Tel. 03 89 73 13 13).

berge von seinen Eltern übernahm, Mitte der neunziger Jahre einen zeitgemäßen An- und Ausbau seines Erbes begonnen. Alle Pläne stammen von ihm höchstpersönlich – obwohl seine eigentliche Domäne die Küche ist. Doch so wie er dort stets auf der Suche nach Originalität ist, neben elsässischen Traditionsgerichten und saisonabgestimmten Kreationen auch schon mal Jakobsmuscheln mit Parmesanspänen oder Geflügel mit Langustinen paart, so vereinte er auch im Ambiente seines Hauses Altes mit Neuem, Rustikales mit Edlem.

Lassen Sie sich überraschen in den neuen Zimmern von nur geschichteten, ungefugten und unverputzten Natursteinwänden; von rohen Ziegeln, die schöne grafische Muster bilden; von holzblonden Badezimmern, die wie ein kleines Haus mit großen Fensterflächen in den Raum integriert sind, von fröhlich-warmen Stofffarben – und von zum Teil wunderbaren Panoramen, die man direkt vom Bett aus genießen kann. ›Celestine‹, ›Marcelin‹ oder ›Victoria‹ heißen diese Zimmer – und ein jedes hat seinen eigenen Charakter. Mal geht es hinauf über eine Leitertreppe auf die Schlafgalerie, mal erstreckt sich der Raum großzügig über eine einzige, nahezu rundum verglaste Ebene. Die meisten Zimmer haben auch einen kleinen Balkon mit schönen Eisenmöbeln. Im alten Teil des Anwesens wohnt man etwas weniger licht und großzügig, tiefe Balkendecken prägen diese Räume und herrlich altmodisches, ja zum Teil antikes Mobiliar. Im ganzen Haus finden sich viele hübsche Details – angefangen vom Schlüsselbaum an der Rezeption, die das Reich von Hausherrin Francesa ist, bis hin zu Kinderbetten aus Großmutters Jugendzeit.

Wer die kulinarische Handschrift des Hausherrn kennen lernen möchte, kann dies in dem von offenem Gebälk geprägten, eleganten **Restaurant** tun – oder auf der wahrhaft großzügigen Terrasse. Bis zu den Turmspitzen der Hochkönigsburg reicht von hier der Blick, und im Herbst kann man auf der großen Wiese im Tal hinter dem Haus Hirsche und Rehe zur Tränke

kommen sehen. Nur das Mühlrad, das der Name des Gasthofs suggeriert, sucht man vergebens. Niemals hat hier eines geklappert. Aber wenn man als Besitzer schon Dumoulin (Von der Mühle) heißt, dann darf man ruhig ein wenig Wortspielerei betreiben bei der Benennung seiner Auberge – und da und dort ein paar Mühlsteine zur Dekoration platzieren.

Aktivitäten: Im Hotel gibt es einen Sauna- und Fitnessbereich, den man auch zu zweit (für 23 €) pro Stunde mieten kann, sowie einen Billardraum (Benutzung ebenfalls kostenpflichtig). Gegen Gebühr können zudem Mountainbikes entliehen werden.

Ausflugsmöglichkeiten: Die Hochkönigsburg (s. S. 63), Sainte-Marie-aux-Mines (s. S. 62).

Restaurants: Winstub du Sommelier (s. S. 124) in Bergheim.

Naturvariationen bietet die ›Mühlenherberge‹ beim Blick nach draußen und drinnen

29

Hostellerie des Seigneurs de Ribeaupierre

Karte: C 8
11, rue du Château
68150 Ribeauvillé
Tel. 03 89 73 70 31
Fax 03 89 73 71 21
Kreditkarten: Visa, Eurocard,
Mastercard, American Express
Geschlossen: etwa vom 22. Dezember
bis 5. März

Preise: DZ 110–150 € inkl. Frühstück und Aufenthaltstaxe, 3 bis 5 Privatparkplätze auf Anfrage.

Anfahrt: Von Colmar auf der N 83 nach Norden bis zur Ausfahrt Illhaeusern. Nach links abbiegen auf die D 106. Durch die Ortsmitte bis zum Place de la Sinne fahren, dort dann rechts abbiegen.

Das Hotel: Zwei Schwestern – ein Projekt. So ließe sich die Geschichte dieses kleinen Hotels überschreiben. Ursprünglich war es ein stattliches Privathaus, vielleicht hat wirklich einer der Lehnsherren des Ortes hier einmal logiert. Vor gut zwei Jahrzehnten erwarben es dann die beiden aus dem nahen Bennwihr stammenden Damen – eine von ihnen hatte bereits Hotellerie-Erfahrung –, restaurierten es und richteten in den historischen Mauern zehn urige, individuell möblierte Gästezimmer ein. Geschichtsträchtige Männernamen statt Nummern helfen dem Gast sein Domizil auf Zeit zu identifizieren – die Palette reicht von ›Ulrich‹, dem ein Himmelbett eigen ist und kurze Karo-Vorhänge vor den

Tipp

Vier Destillateure edler Brände haben ihre Wirkungsstätte in Ribeauvillé: Jean Paul Gisselbrecht, Gilbert Holl, Michel Windholz (berühmt für seinen Marc de Gewuerz Vendange Tardive, den Kirsch sowie die Vogelbeere) und Jean-Paul Metté. Letzter hat sein Wissen inzwischen an den Patensohn Philippe Traber weitergegeben. Neben exzellenten Klassikern wie Birne und Mirabelle produziert er Raritäten wie Eau de Vie de Café, Kakao- oder Walderdbeeren-Wasser.

Fenstern, über ›Guillaume‹ mit zwei bäuerlichen Schlafstätten bis hin zu der kleinen Dachsuite ›Egenolf‹: Bequeme Polstersessel, ein Sofa mit verschiedenen Kissen, Teppiche und zierliche alte Tischchen verleihen diesem Raum zusammen mit dem offenen Gebälk seine besondere Note. Man spürt, dass hier weibliche Hände liebevoll Details arrangierten – wie überall im Hause. ›Cosy‹ würde man auf englisch sagen zu der Atmosphäre – aber nicht nur aus Großbritannien, sondern aus der ganzen Welt kommen die Gäste in dieses Haus. Im Souterrain können sie beim Frühstück in rustikaler Umgebung miteinander kommunizieren – oder sich ein paar Treppen höher, im Zwischengeschoss, in dem kleinen, mit buntgeblümten Sesseln ausgestatteten Salon vor dem offenen Kamin ihre Erfahrungen mit den Weinen und Wanderwegen der Gegend erzählen. Die Anteilnahme der Hausherrinnen Marie-Madeleine und Marie-Cécile Barth ist ihnen auf jeden Fall gewiss, stets haben sie auch ein paar Restauranttipps und kennen sich bei den Elsässer Gewächsen bestens aus.

Besichtigung: Der Ort zählt architektonisch zu den schönsten an der elsässischen Weinstraße; entsprechend dicht drängen sich die Touristen. Interessant sind vor allem die Häuser Grand Rue 7, wo sich am Renaissanceportal noch die Kartouche mit dem Wein- und Kornpreis zu Zeiten des damaligen Besitzers findet, Grand Rue 14 mit der holzgeschnitzten Mariä Verkündigung und die Rue des Tanneurs. Die Renaissancefontäne mit dem Wappen derer von Ribeaupierre auf der Place de l'Hotel de Ville war die erste, die den Ort mit Trinkwasser versorgte und das Krankheitsrisiko minderte, welches zuvor das oft verseuchte Brunnenwasser für die Bevölkerung darstellte. Etwas weniger Getümmel als in den Gassen Ribeauvillés herrscht an den umliegenden Adelssitzen: dem gut erhaltenen Château Ulrich und den beiden kleineren Burgen Girsberg und Haut Ribeaupierre.

Restaurants im Ort und in der Umgebung: **Le Haut Ribeaupierre** (s. S. 125), **Au Valet de Coeur** (40, rue de Ste-Marie-aux-Mines, Tel. 03 89 73 64 14), Presskopf vom Spanferkel, Entenleberschnitzel mit Quitten und Täubchen in der Salzkruste – vom Michelin mit einem Stern bedacht und in einer – noch – etwas ältlichen Landhotel-Atmosphäre serviert.

Selbst den Lehnsherren von Ribeaupierre hätte dieses Ambiente wohl behagt

30

Hôtel à l'Oriel

Karte: C 8
3, rue des Ecuries Seigneuriales
683540 Riquewihr
Tél. 03 89 49 03 13
Fax 03 89 47 92 87
E-Mail: oriel@club-internet.fr
www.alsanet.com/alsace_hotels/hotels/
orielri/orielan.htm
Kreditkarten: Visa, Diners, American
Express
Geschlossen: Ruhezeiten bitte erfragen

Preise: DZ 61–80 €, Duplex für zwei,
drei oder vier Personen 77–104 €,
Frühstück 8,50 €, Garage 7,70 €, Zusatzbett 13 €/Tag, Hunde 9 €/Tag,
Aufenthaltsaxe 0,75 €.

Anfahrt: Von Colmar auf der N 83
nach Norden, bis links nach circa 3
km die D 4 abzweigt, rechts über die
D 1 nach Mittelwihr, links auf die D 3
bis zum Stadttor/Rathaus von Riquewihr. Dort rechts halten, die nächste
Möglichkeit links. Auf einem der

Tipp

Doppelte Grandeur

Die Cave Vinicole von Beblenheim
in ihrem herrschaftlichen Fachwerkbau macht nicht nur optisch
was her, sondern hier lassen sich
auch günstig gute Tropfen erste-
hen, darunter ein exzellenter Pinot
Noir, im Eichenfass gereift. Auch
die Grand Crus Sonnenglanz,
Froehn, Mandelberg und Schoenenbourg gehören zum Programm.

zahlreichen Parkplätze zwischen Reb-
hängen und Stadtmauer parken. Der
historische Ortskern von Riquewihr
ist für den Verkehr gesperrt. Zu Fuß
durch eine Mauerpforte zum Hotel.

Das Hotel: Direkt neben dem Post-
kutschenmuseum steht dieses historische Haus mit seinem hübschen
Zunftemblem: Einer Art goldener
Zwiebel, in deren Inneren eine Bett-
statt mit dicken weißen Kissen und
Nachttopf wartet, eine Mondsichel
schwebt darüber und am Fußende
reckt ein Schläfer in weißem Nacht-
hemd seinen Zipfelmützenkopf zum
Himmel. Das Ambiente entspricht
der geschmiedeten ›Reklame‹, viel
Holz und Gebälk, mal als großfläch-
ges Gitterwerk, mal in klassischer Pa-
rallele; historisch-dunkel oder in frischer Helle; ›Perser‹-Teppiche, viel
Blumenmuster an den Wänden, auf
Vorhängen und Bettüberwürfen. Doch
Madame Wendel hat nicht nur eine
charmante Art, ihre Gäste zu empfangen, sondern auch ein Händchen
für Kleinigkeiten, und so wirken einige der 19 (mit Farb-TV und Minibar
ausgestatteten) Zimmer recht stilvoll
und keineswegs überladen. Alte Bauernschränke und zierliche Schreib-
kommoden kommen da vor glatten,
einfarbig gestrichenen Mauern gut
zur Geltung, nostalgische Schalen-
lampen verströmen ein warmes Licht.
In den Duplex-Unterkünften führen
helle Leitertreppen hinauf in den Mezzanin und fast überall erwarten den
Gast moderne kleine Badezimmer –
mit Türkis abgesetzten weißen Kacheln zum Beispiel, viel Glas, ordentlichem Licht – und Wandfön. Etliche
Stufen geht es hinauf und hinab, etliche Flure entlang in diesem Haus, das
ursprünglich einmal ein Privatdomi-

Hinter der üppigen Blumenpracht verbergen sich 19 gemütliche Gästezimmer

zil war – und noch immer ein wenig so wirkt. Maßgeblich zu diesem Eindruck trägt auch der intime, blumengeschmückte Innenhof bei – ein wunderbarer Sommerfrühstücksplatz (und eine echte Alternative zu dem ›bäuerlichen‹ kleinen Saal, in dem üblicherweise Kaffee, Baguette und Croissant aufgetragen werden). Eine weitere nette Ecke des Hôtel à l'Oriel verbirgt sich im Keller: die urige Bar. Da sie auch öffentlich zugänglich ist, trifft man hier nicht nur Hausgäste, sondern auch die Bewohner des Ortes. Bei einem Glas Wein – natürlich aus den Lagen der Umgebung – ergibt sich so manch interessantes Gespräch.

Besichtigung: Wegen seines schmucken Ortsbildes mit vorwiegend Häusern aus dem 16. und 17. Jahrhundert zählt **Riquewihr** zu den meistbesuchten Zielen im Elsass. Im Dolder, einem der beiden mittelalterlichen Stadttürme, gibt ein kleines Stadtmuseum Auskunft über die blühende

Vergangenheit des Ortes. Im Château des Princes de Wurtemberg-Montbeliard zeichnet das Musée d'Histoire des P.T.T. d'Alsace die Geschichte der Post von der Römerzeit bis heute nach; in der Hauptstraße (Rue du Général de Gaulle) wartet das Musée Hansi und gleich neben dem Hotel das kleine Kutschenmuseum.

Restaurants: La Table du Gourmet (s. S. 126), **Le Schoenenbourg** (2, rue de la Piscine, Tel. 03 89 47 92 28), Haeberlin-Schüler Francois Kiener lädt in etwas kühler Atmosphäre zu Kürbissuppe mit Trüffeln, Entenlebercarpaccio und wunderbaren Desserts.

Ausflugsmöglichkeiten: Die nahen, etwas weniger überlaufenen Weinorte **Kientzheim** mit dem Elsässischen Weinmuseum im Hof des Château Schwendi (Juni–Oktober tägl. 10–12 und 14–18 Uhr) und **Hunawihr** mit seiner spätmittelalterlichen Wehrkirche im befestigten Friedhof.

71

31

L'Abbaye d'Alspach

Karte: C 8
2 et 4, rue Foch
Kientzheim
68240 Kaysersberg
Tel. 03 89 47 16 00
Fax 03 89 78 29 73
Kreditkarten: Visa, Eurocard
Geschlossen: 5. Januar bis 7. März

Preise: DZ 58–92 €, Extrabett 12 €, Suite 122 €, Extrabett 20 €, Frühstück 8,4 €, Aufenthaltstaxe 0,77 € pro Person/Tag.

Anfahrt: Von Colmar auf der N 83/E 35 bis zur Ausfahrt Bennwihr/Kaysersberg. Der D 4 circa 5 km in westlicher Richtung folgen. Durch das südliche Stadttor längs der Dorfhauptstraße; kurz vor dem Ortsausgang ist das Hotel an der rechten Straßenseite ausgeschildert.

Das Hotel: Versteckt am Ende einer kurzen Gasse liegt die Einfahrt zu diesem schönen Fachwerkanwesen, dessen Kern aus dem 11. Jahrhundert stammt – und einst ein Klarissinnen-Kloster war: die Dependance der berühmten Abtei von Kaysersberg, dem Nachbarort. 29 Zimmer haben Annick und Philippe Schwarz in drei um einen Hof gruppierten historischen Gebäudetrakten über einen Zeitraum von mehreren Jahren eingerichtet. Keines gleicht daher dem anderen – weder in Sachen Größe noch bezüglich der Ausstattung. So

Hinter dem alten Abteibrunnen geht es heute hinab zum Frühstücksraum

sind die über die breite steinerne Wendeltreppe des Turmes, in dessen Fuß sich auch die Rezeption mit der rustikalen Eichenbalkendecke und dem schönen historischen Bauernschrank befindet, zu erreichenden Zimmer Nr. 5, 7 und 9 zwar so klein, dass neben dem Doppelbett außer einem zierlichen Schreibtisch nichts mehr hineinpasst (der kleine Kleiderschrank ist im Entree in eine Nische eingepasst). Doch sie verfügen über helle, geräumige Bäder – schlicht zwar wie die Zimmer selbst, aber mit großer Wanne. Ein weiteres Plus dieser drei Unterkünfte ist ihre großzügige Terrasse. Vom Nachbarn trennt sie jeweils nur ein niedriges Mäuerchen, aber man hat das schöne Panorama der örtlichen Weinberge im Blick. Das versöhnt auch ein wenig mit den Supermarkt-Plastikmöbeln und dem Betonboden des Freisitzes. Unterm Dach in der Nr. 10 finden Familien mit Kind eine hübsche Drei-Bett-Bleibe. Auch Nr. 26 im ›neuen‹ Gebäude ist großzügig dimensioniert; bäuerlich-modernes Mobiliar prägt hier die Atmosphäre. Ähnlich ausgestattet, doch etwas kleiner präsentiert sich die Nr. 29. Es liegt über der Toreinfahrt und hat einen hübschen Balkon – der allerdings in Richtung Gästeparkplatz zeigt. Viel Lärm herrscht allerdings nicht, denn die meisten Gäste brechen morgens nach dem Frühstück, das in einem Souterrainraum serviert wird, gleich auf zu Wanderungen, Weinproben oder Besichtigungen – die Wirtsfamilie hat dafür viele Vorschläge und Tipps parat. Das freundliche Paar wechselt sich an der Rezeption ab und kümmert sich auch sonst um nahezu alle Wünsche der Gäste persönlich – »Sie möchten einige Flaschen Wein für eine Weile bei uns lagern? Kein Problem.« In der kühlen Werkstatt des Hausherrn wurden sie perfekt aufbewahrt – ebenso wie der Munsterkäse. Für's Abendpicknick auf der Terrasse bekommt man selbstverständlich Weingläser, Teller und Besteck – denn ein Restaurant gibt es nicht in diesem Hause. Im restaurierten Nebengebäude wurden vier Suiten, eine Sauna sowie ein kleiner Konferenzraum für bis zu 15 Personen untergebracht.

Restaurants: Schwendi (2, place Schwendi, Tel. 03 89 47 30 50), Zandergratin mit frischen Kräutern und ›verlorener‹ Kougelhopf an Nusseis – serviert im rustikalen Kellersaal und bei lauen Temperaturen auf der Straßenterrasse am Brunnen. **A l'Arbre Vert** (7, rue des Cigognes in Ammerschwihr, Tel. 03 89 78 27 21), Joel Tournier, ausgebildet bei verschiedenen Sterneköchen, tischt klassisch Elsässisches verfeinert auf – passend zu den Gasträumen. **Les Armes de France** (1, Grand Rue; Ammerschwihr, Tel. 03 89 47 10 12), Bocuse-Schüler Philippe Gaertner versucht in dem traditionsreichen Haus die Balance zu halten zwischen den berühmten väterlichen Kreationen und einer großen, leichten Küche (ein Michelinstern).

Besichtigung: Das Schloss von **Kientzheim** mit seinem Weinmuseum und der Nachbarort **Kaysersberg** mit der Heiligkreuzkirche, dem Renaissancerathaus und der befestigten Brücke über die Weiß aus dem Jahr 1511. Albert Schweizer erblickte in Kaysersberg das Licht der Welt. Das Geburtshaus des Mediziners, Kulturphilosophen und Friedensnobelpreisträgers ist inzwischen Museum.

32

Kanzel

Karte: C 8
Chemin des Amandiers
68980 Beblenheim
Tel. 03 89 49 08 00
Fax 03 89 47 99 10
E-Mail: kanzel@alsacom.com
www.kanzel.com
Kreditkarten: Visa, Eurocard, Master-
card
Geschlossen: eine Woche über Weihnach-
ten sowie vom 10. Januar bis 19. Feb-
ruar

Preise: Studio ab 176 €, bei einem Mindestaufenthalt von drei Nächten ab 153 €; Suite ab 237 €, bei einem Mindestaufenthalt von 3 Nächten ab 199 €, jeweils inklusive Frühstücksbüffet, Nachmittagskaffee oder -tee und Minibar, Zusatzbett pro Tag 48 €, Küchenbenutzung pro Tag 32 €, Kurtaxe pro Person/Tag 0,80 €, Garage 50 € pro Tag, Hund (pro Tag) 8 €. Restaurant-, Bahnhofs- und Golfplatztransfer sowie Fahrradverleih.

Anfahrt: Von Colmar auf der N 83 nach Norden, bis links nach ca. 3 km die D 4 abzweigt, recht über die D 1, hinter Mittelwihr rechts ab nach Beblenheim. Das Hotel liegt schon von weitem sichtbar auf einer Anhöhe vor dem Ortseingang; es ist ausgeschildert.

Das Hotel: Wie ein kleines elsässisches Dorf wirkt diese 1997 auf einer Anhöhe an der Elsässischen Weinstraße erbaute Anlage: mit trutzigem Rundturm am Eingang (dem Sitz der Rezeption) und sechs dreigeschossigen Gebäudetrakten, die sich um ei-

nen langgestreckten, begrünten Platz gruppieren. 24 moderne ›Residenzen‹ und ›Studios‹ sind hier untergebracht – alle großzügig dimensioniert (50 bis 150 m^2), mit gut ausgestatteten Küchen sowie luxuriösen Bädern. Die meisten dieser Unterkünfte haben einen Balkon oder eine kleine Terrasse; sie tragen keine Nummern, sondern die Namen von Weinlagen bzw. -orten und -regionen oder von Pflanzen. Wohn- und Schlafbereiche sind durch Schiebetüren voneinander getrennt; in den größeren ›Residenzen‹ (wie ›Mandelberg‹ oder ›Burgund‹) gibt es einen offenen Kamin und eine Büroecke mit direktem Telefon-, Fax- und Computeranschluss.

Die ›Studios‹ (wie z. B. ›Riquewihr‹) fallen etwas kleiner aus; statt einer aus zwei separaten Matratzen zusammengefügten Schlafstätte erwartet den Gast hier ein etwas schmaleres französisches Bett und die Bäder sind nur mit einer Dusche ausgestattet. Doch auch diese Nassräume sind licht und offen, mit frei stehenden Doppelwaschbecken, und auf einem mobilen kleinen Regal liegen viele Wohlfühlaccessoirs aus, bis hin zur Personenwaage. Helle, edle Farbtöne prägen überall das Ambiente, von Weiß und Crème über Flanellgrau und mattes Gelb bis zum pastelligem Blau.

Im Haupthaus gegenüber dem Eingangsportal ist auf der ersten Etage der Frühstückssalon untergebracht. Mit Blick auf die Weinberge kann man sich dort zwischen 7 und 12 Uhr vom Büffet bedienen. Das kleine **Restaurant** mit Tischen im Hof serviert Snacks. Für Nachmittagsplaudereien stehen im Erdgeschoss gemütliche Sesselgruppen vor dem Kamin. Für den Hunger zwischendurch finden

Grillfreunde im Hof eine entsprechende Anlage. Im Aufenthaltspreis eingeschlossen ist auch ein persönliches Abteil im Weinkeller – sorgfältig bestückt mit Gewächsen aus dem Elsass und aus Südafrika. Am großen rustikalen Holztisch kann man sie mit Freunden, Bekannten oder anderen Gästen allabendlich (ab 21.30 Uhr) genießen. Und wen es doch zu kulinarisch-oenologischen Freuden hinauszieht aus diesem kleinen – übrigens von einem Deutschen geleiteten – Hoteldorf, dem stellt das ›Kanzel‹ kostenlos einen Wagen mit Chauffeur zur Verfügung.

Aktivitäten: Im Hotel können Fahrräder für Kinder und Erwachsene geliehen werden; in Ammerschwihr gibt es einen Golfplatz.

Restaurants: Maximilien, (19a, Route d'Ostheim, Zellenberg, Tel. 03 89 47 99 69). Ein Michelinstern glänzt über der Villa mit elegantem Interieur. Die weißen Plastikstühle aus dem Supermarkt auf der Aperitifterrasse sind zwar ein echter Stilbruch; die Küche von Jean-Michel Eblin jedoch ist fehlerfrei und technisch perfekt. Je nach Tagesangebot gibt es z. B. Forellentartar mit Froschschenkeln, einen kleinen Schnecken-Baeckeoffe oder Lammnüsschen mit Ingwer und karamellisierten roten Beeten.

Ausflugmöglichkeiten: Colmar mit seiner malerischen Altstadt und interessanten Museen liegt ebenso vor der Haustüre wie die elsässische **Weinstraße.**

Fast wie auf einem Dorfplatz können sich die ›Kanzel‹-Gäste fühlen

33

Chambres d'Hôtes Féga

Karte: C 9
14, rue des Tuleries
68230 Turckheim
Tel. 03 89 27 18 84
Kreditkarten: keine
Geschlossen: Ruhezeiten variieren, am
besten telefonisch anfragen

Preise: DZ 42 € inkl. Frühstück, Extrabett 8 €.

Anfahrt: Von Colmar in westlicher Richtung auf der N 83/N 415 bis Ingersheim, dort abbiegen auf die D 10 nach Süden bis zum großen Parkplatz zwischen Stadtmauer und Ufer der Fecht. Dem Verlauf des Flüsschens auf der D10 in Richtung Munster folgen bzw. dem Schild ›Cave de Turckheim‹.

Hinter dem Gartenportal führen steile
Stiegen zum Villendomizil am Hang

Tipp

Elsass aus der Luft

Einen etwas anderen Blick auf die Landschaften des Haut Rhin genießt man aus dem Korb eines Heißluftballons. Die bunten Montgolfieren starten in Munster oder Colmar (Auskunft und Buchung: Aérovision, Tel. 03 89 77 22 81, Fax 03 89 77 25 70). Zum Programm gehört neben Ballontaufe und Frühstück bzw. Imbiss auch eine Weinprobe.

Das Hotel: Was macht man mit einem Haus, das man als Ruine erworben hat, mühsam restauriert und zum Familiendomizil umgebaut, wenn die Jahre und Jahrzehnte verstrichen sind und die Kinder, die hier einst lebten, in dem der Wildnis abgetrotzten Hanggarten tobten, selbst schon längst wieder Kinder haben? Verkaufen? Nur zu zweit bewohnen? Beides schien Marie-Rose Féga und ihrem Gatten nicht die passende Lösung. Also reifte der Gedanke, die Zimmer des Nachwuchses anderen Menschen zur Verfügung zu stellen – als Wohnung auf Zeit. Vier *chambres d'hôtes* entstanden so hinter der weißen Fassade der stilvollen historischen Villa am Fuße der Turckheimer Weinberge. Sie sind nicht besonders groß – aber im besten Sinne originell. Am meisten gefragt ist jenes, das alle ›Le Placard‹ getauft haben, da man tatsächlich die Tür eine antiken Schrankes, der im Treppenhaus steht, öffnen muss, um hineinzugelangen. Alt und Neu bilden aber nicht nur in den vier Gästezimmern (die alle über ein eigenes Bad verfügen) ein gelungenes Miteinander –

diese Kombination prägt vielmehr das gesamte Haus. Verschiedene Steinplatten zieren die Wände im Treppenaufgang, edle Glastüren trennen Flur, Salon und Küche. Hier lebt man nicht bei, sondern mit seinen Gastgebern; teilt ihre Freude am alten Kachelofen im Salon, an den Blumen auf dem niedrigen Tisch zwischen den beiden Sofas (natürlich unterschiedlichen Stils) und an den wunderbaren chinesischen Statuen und Vasen, die von der Reiseleidenschaft der Hausherrin zeugen. Vom hellen, langen Frühstückstisch schweift der Blick durch großzügige, steingefasste Fensterflächen bis hin zur Flicksbourg, die in der Ferne auf ihrem Hügel thront – oder verfängt sich in der Blütenpracht des Gartens. Stufenartig hat der Herr des Hauses ihn angelegt – die Topografie des Grundstücks ließ ihm keine andere Wahl. Auf einer dieser Stufen – in gleicher Höhe wie der Salon – erstreckt sich auch die Terrasse; hier serviert Madame Féga bei schönem Wetter das Morgenmahl. Angestellte gibt es nicht – alles macht das Paar alleine, so als empfange und bewirte es Freunde oder Bekannte. Dieses Konzept findet großen Anklang bei den Gästen – viele kommen schon zum wiederholten Male. Daher muss man lange vorher reservieren, wenn man in den Genuss der Féga'schen Gastfreundschaft kommen will.

Restaurants: Auberge Winstub du Veilleur (s. S. 128), **Caveau Morakopf** (s. S. 127) in Niedermorschwihr.

Besichtigung: s. S. 79

Ausflugsmöglichkeiten: Colmar, die Burgen **Wineck, Honnack, Pflixbourg** und **Hohlandsbourg** sowie das **Munstertal** mit seinen zahlreichen Fermes-Auberges, Wander- und Mountainbikewegen, Gleitschirm-Abflugpunkten und einer Kletterwand; der **Col de la Schlucht** mit der Sommerrodelbahn und das **Seengebiet** Lac Vert, Lac des Truites, Lac Noir und Lac Blanc.

Gekonnt paart Madame Féga nicht nur in ihrem Salon verschiedene Möbelstile

34

Berceau du Vigneron

Karte: C 9
10, Place Turenne
68230 Turckheim
Tel. 03 89 27 23 55
Fax 03 89 30 01 33
Kreditkarten: alle gängigen außer
Diners und American Express
Geschlossen: im Januar

Preise: DZ 35–63 €, Frühstück 7 €.

Anfahrt: Von Colmar in westlicher Richtung auf der N 83/N 415 bis Ingersheim, dort abbiegen auf die D 10 nach Süden bis zum großen Parkplatz zwischen Stadtmauer und Ufer der Fecht. Das Hotel liegt etwa 20 m links neben dem mittelalterlichen Stadttor Porte de France

Das Hotel: Die Familie Baur ist eine Winzerfamilie. Schon der Großvater von Monsieur François pflanzte Reben auf dem Weinberg ›Brand‹ und destillierte Tresterschnaps. Der Enkelsohn ließ das Brennen, widmete sich ganz dem Wein – und wusste bald nicht mehr wohin mit seinen Fässern. Um die Kellereien zu vergrößern, erwarb er von der Gemeinde ein ehemaliges Privatgebäude – direkt an den mittelalterlichen Wallmauern der Stadt. Die örtlichen Ratsherren freilich knüpften an den Kauf eine Bedingung: Die neuen Besitzer sollten in dem Anwesen für Gästeunterkünfte sorgen. So entstand in dem typisch elsässischen Gebäude mit Fachwerk, Innenhof und Schindel gedeckter Außentreppe die ›Wiege des Winzers‹.

Das ist nun schon eine ganze Reihe von Jahren her, und nachdem Madame Paulette, die langjährige Leiterin des Hauses, in den Ruhestand ging, entschloss sich Véronique Baur sich ganz dem Wein zu widmen und einen neuen Verantwortlichen für das kleine Familienhotel zu finden. Es wurden zwei: Seit März 2001 kümmern sich Laurent Pecci und Thomas

Feine, lichte Landhausatmosphäre – das neue Credo in der ›Wiege des Winzers‹ überzeugt

Sojka um die 16 Zimmer und ihre Bewohner auf Zeit. Die Partner kommen aus dem berühmten Restaurant ›Aux Armes des France‹ in Ammerschwihr und haben gleich auch ein wenig das gastronomische Angebot des ›Berceau‹ aufgepeppt. So werden zum Frühstück nun Käse, Wurst, verschiedene Brotsorten, Kompotte, Körnermischungen und selbst gebackene Kuchen serviert. Bei schönem Wetter findet der Tagesauftakt zudem auf der romantischen Hofterrasse statt. Dort haben die Gäste auch die Möglichkeit, abends ein Gläschen oder ein Fläschchen Wein zu trinken – bis die Sonne sinkt oder der Nachtwächter kommt.

Beim Dekor hat das neue Geschäftsführerduo ebenfalls behutsam Hand angelegt. Mit neuen Tapeten oder Wandanstrichen, hellen Teppichböden, Bettüberwürfen, hübschen Kissen und geschmackvollen Details wie einem gerahmten Beauvillé-Druck im Gang der ersten Etage kreierten Pecci und Sojka eine feine, lichte Landhausatmosphäre – ohne den rustikalen Charme des Gemäuers dadurch zu schmälern. Immerhin datiert es aus dem 15. Jahrhundert, war Teil des ehemaligen Befestigungswalls. Im Entree und im Frühstücksgewölbe sind die groben historischen Steine noch sichtbar – ein schöner Kontrast zur gemütlichen Ausstattung beider Räumlichkeiten.

Restaurants in Turckheim: Auberge Winstub du Veilleur (s. S. 128), **Caveau du Vigneron** (5, Grand Rue, Tel. 03 89 27 06 85) – Holzvertäfelungen, alte Weinpressen, viele Gemälde und dazu das Milchkälbchen in Essig und Preiselbeeren oder den Presskopf mit Foie Gras.

Tipp

Wein und Kunst

Das 1854 gegründete Weingut Josmeyer in Wintzenheim zählt zu den besten im Elsass. Seit einigen Jahren zeichnen Elsässische Künstler – Maurice Jully zum Beispiel, D. Gasser und F. Bruetschy – verantwortlich für die Gestaltung der Flaschenetiketten. Bei der Verkostung im historischen Fachwerkbau kann man ihre Arbeiten nicht nur auf den Bouteillen bewundern, sondern auch als (käufliches) Plakat. Der Andrang ist aber groß – und international.

Besichtigung: Hinter den drei Stadttoren blieb die historische Bausubstanz des Ortes fast komplett erhalten. Besonders sehenswert sind die Häuser an der Grand Rue, das Rathaus und das ›Hotel des Deux Clefs‹ kurz vor der Kirche. In Turckheim versieht übrigens noch immer ein Nachtwächter seinen Dienst. In historischem Gewand wandelt er durch die Gassen.

Ausflugsmöglichkeiten: Zum **Col de Bonhomme** über Orbey und Lapoutroie, wo das Musée des Eaux de Vie den Besuch lohnt und man mittags einkehren sollte im Restaurant des kleinen Hotel du Faude: Madame Baldinger und ihre Servicedamen tischen die Spezialitäten des Hauses wie Cordon Bleu vom Ferkel mit einem Munster Duo, *djalaie* (Presskopf) oder Soufflé au Marc de Gewurz noch in typisch Elsässer Tracht auf.

35

Hostellerie du Château

Karte: C 9
2, place du Château St-Léon IX
68420 Eguisheim
Tel. 03 89 23 72 00
Fax 03 89 23 68 80
E-Mail: info@hostellerieduchateau.com
www.hostellerieduchchateau.com
Kreditkarten: alle gängigen
Geöffnet: ganzjährig

Preise: DZ 76–120 €, Frühstück 9 €, Aufenthaltsgebühr 0,50 €, Zusatzbett ca. 16 €.

Anfahrt: Aus Richtung Colmar auf der N 83 in südlicher Richtung bis zur Ausfahrt Eguisheim. Dann dem Schild Ortszentrum folgen. Das Hotel liegt an dem Platz vor der Burg.

Das Hotel: Am schönsten Platz von Eguisheim, den Renaissancebrunnen mit der Statue des als Bruno von Eguisheim geborenen Papst Leo IX zu Füßen und die Burg seiner Väter zur rechten, erhebt sich die stattliche Hostellerie du Château. Prächtiger Blumenschmuck vor den Fenstern, Fachwerk unter dem Giebel – wer würde da schon vermuten, dass sich hinter dieser schmucken historischen Fassade ein freches, junges Hotel verbirgt. Es gehört den Brüdern Nasti und deren Gattinnen – wie auch das Restaurant Caveau d'Eguisheim am gegenüberliegenden Ende des Platzes. Monsieur Olivier zeichnet dort verantwortlich fürs Kulinarische, sein älterer Bruder steht dem Service vor. Aber eigentlich ist er Architekt. Kein Wunder also, dass er sich höchstpersönlich des Hostellerie-Projektes an-

nahm. Zwölf Zimmer brachte er auf den zwei Etagen und unter dem Dachfirst des typischen Elsässer Hauses unter – kein einfaches Unterfangen bei dem ursprünglich arg verwinkelten Innenleben. Mit maßgefertigten Möbeln nutzte er auch noch das letzte Eckchen, die steilste Schräge aus – so dass tatsächlich in allen Unterkünften nicht nur ein großes Doppelbett und ein Einbauschrank Platz fanden, sondern auch Regal und Arbeitsplatte (auf der allerdings auch das kleine Fernsehgerät steht). Wände und Mobiliar sind meist Ton in Ton gehalten, oft bilden Natursteinflächen einen schönen Kontrast zu dem ansonsten vorherrschenden Ocker oder Apricot – und schwarze Blenden, Stuhlbeine oder Armlehnen setzen zierliche Linienakzente. Am großzügigsten ist das Zimmer Nr. 12, die Nr. 10 bietet zwar weniger Volumen, doch die fröhlichen Frösche auf den cottoroten Badezimmerkacheln lassen den Morgen schon mit einem strahlenden Lächeln beginnen. Auf die Bäder wurde übrigens größte Sorgfalt verwendet, (Doppel-) Waschbecken im Art déco-Stil, große Spiegel, ein edler Rollwagen mit Handtüchern und Seifen harmonieren wunderbar mit dem zum Teil freigelegten dunklen Gebälk und den stets unterschiedlichen, aber immer farbenfrohen Fliesen. Im lichten kleinen Entree paart sich junge Kunst mit hellem Parkett und der schwarzen Schiefertäfelung hinter der Rezeption – und zum Papstbrunnen hin stehen an der Hauswand ein Dutzend Tische hinter Oleanderkübeln: eine prachtvolle Straßenterrasse, die allerdings auch Nicht-Gästen zugänglich ist.

Besichtigung: Wehrhafte Hausmauern umgürten **Eguisheim,** einen der

Hinter der traditionellen Fassade verbirgt sich fantasievolle Modernität

reizendsten Winzerorte des Elsass: schmale, kopfsteingepflasterte Gassen mit farbenfroh getünchten Fachwerkhäusern schlängeln sich von den einstigen Wallpforten ins Zentrum des nahezu kreisförmig angelegten Ortes. Hier steht die Burg der Grafen von Eguisheim, auf der der spätere Papst Leo IX anno 1002 das Licht der Welt erblickte. Sie wurde im 19. Jahrhundert im neoromanischen Stil neu errichtet und kann – mit Ausnahme der Kapelle – nicht besichtigt werden. Die Statue des Kirchenherren schmückt den Renaissancebrunnen auf dem Platz vor der Burg. Juli bis Mitte September donnerstags ab 17 Uhr kostenlose Stadtführungen.

Aktivitäten: Tennis (Auskunft und Buchung in der Apotheke, M. Betz oder im Fremdenverkehrsamt), Mountainbikevermietung (Mme Schneider, Tel. 03 89 23 17 66).

Restaurants: Caveau d'Eguisheim (s. S. 129), **La Grangeliére** (s. S. 130).

Ausflugsmöglichkeiten: In **Wettolsheim** erwartet den Besucher außer der Silhouette des Château du Hagueneck ein Kuriosum: die Kopie der Grotte von Lourdes. Höchster Punkt der **Route des Cinqs Châteaux** ist Husseren-les-Châteaux ca. 3 km südlich von Eguisheim. Von hier bietet sich einer der schönsten Panoramablicke des Elsass.

36

Hotel du Parc

Die Boutique des Musée de l'Impression sur Etoffes verkauft Tischtücher im traditionellen ›Hansi‹-Karo, getreu den im Museum gezeigten historischen Vorbildern.

Karte: C 12
26, rue de la Sinne
68100 Mulhouse
Tel. 03 89 66 12 22
Fax 03 89 66 42 44
E-Mail: hotel.du.parc@gofornet.com
www.hotelduparc-mulhouse.com
Kreditkarten: alle gängigen
Geöffnet: ganzjährig

Preise: DZ 140-165 €, Juniorsuiten 235 €, Präsidentensuite (bis vier Personen) 550 €, Zusatzbett 25 €, Garage 18 €, Tiere 25 €/Tag, Aufenthaltstaxe 0,60 €, Frühstücksbüffet 18 €.

Anfahrt: Über den Boulevard de L'Europe bis zur Porte de Bale, dort nach rechts einbiegen.

Das Hotel: Gegenüber vom Parc Steinbach, nur wenige Spazierminuten vom alten Stadtkern, steht dieses geschichtsträchtige Viersternehaus. 1926 öffnete es erstmals seine Pforten – dort, wo 22 Jahre zuvor Louis Schwarz für seinen Auftraggeber Henri Gangolff die Dächer verschiedener Bauten zu einer Einheit verschmolz, unter der dieser dann die berühmte Galerie seines Namens, eine Buchhandlung, ein Antiquitätengeschäft und ein Rahmenatelier einrichten ließ. Die zweite Etage war an die Brüder Braun vermietet, die dort ihr Fotoatelier hatten; die dritte barg die Privatgemächer der Familie Gangolff – mit acht Mansarden für die acht Kinder des Paares. Nachdem das Gangolffsche Ensemble im Ersten Weltkrieg stark beschädigt und die Pläne für ein Hotel an dieser Stelle spruchreif waren, schuf der Architekt

Schwarz eine wunderbare neoklassische Fassade aus edlem Stein, reich mit Skulpturen geschmückt. Rasch entwickelte sich das ›Parc‹ zu einem Treffpunkt der vornehmen Welt. 1971 gelangt das Haus in den Besitz der Frères Schlumpf. Für sie bedeutet dies die Verwirklichung eines alten Traumes – denn als Kinder bewohnten sie ein Apartment mit Blick auf das Gangolffsche Gebäude. Nachdem die Schlumpfs Konkurs anmelden müssen, werden die Umbauarbeiten gestoppt, und das Hotel kommt unter den Hammer. Erst 1988 ersteht das glanzvolle Haus wieder auf – mit 76 Zimmern und Suiten im Art déco-Stil und Bädern aus weißem griechischen Marmor. Die ›wilden‹ zwanziger und dreißiger Jahre spiegeln auch das großzügige Entree und ›Charlies Bar‹: die Türen mit geätzten Glaseinlagen, die eckigen Deckenleuchten aus Alabaster und der Holztresen mit eingelegtem Palmenmotiv. An den Wänden erinnern Fotos von Charlie Chaplin und anderen Stars der zwanziger Jahre sowie historische Autoplakate an die glanzvolle Vergangenheit.

Besichtigung: Das einstige ›Manchester Frankreichs‹ birgt nicht nur eine hübsche Altstadt, sondern Industriemuseen von Weltrang: Das **Stoffdruckmuseum,** das **Eisenbahnmuseum** und das **Nationale Automo-**

bilmuseum. Beachtung verdient auch das **Musée des Beaux Arts.** Beim Altstadt-Spaziergang sollte man durch die Rue des Franciscans flanieren mit ihren Adelspalais, der Temple St-Etienne an der Place de la Réunion mit dem Renaissancerathaus birgt einen der vollständigsten und kostbarsten Zyklen mittelalterlicher Glasmalerei. Hinter der restaurierten Rathausfassade lagern interessante Exponate zur Stadtgeschichte. Erholen kann man sich nach dem Rundgang in den eleganten Jugendstilthermen (7, rue Pierre et Marie Curie) Bains Romains.

Restaurants in Mulhouse und Umgebung: **Aux Caves du Vieux Couvent** (23, rue du Couvent, Tel. 03 89 46 28 79), Regionalküche unter Fresken. **Le Petit Zinc** (15, rue des Bons-Enfants, Tel. 03 89 46 36 78). Sauerkrautsalat, Pickelfleisch, Sahnehering – nicht nur die Gastkünst-ler des Theaters speisen hier gern. **Restaurant de la Tour de L'Europe** (3, boulevard de L'Europe, Tel. 03 89 45 12 14). Der Blick reicht mitunter bis zu den Alpen aus diesem feinen Drehrestaurant. **Le Manoir** (s. S. 132) in Rixheim, **La Poste Kieny** (s. S. 131) in Riedisheim, **Restaurant de la Gare** (s. S. 137) in Guewenheim.

Ausflüge: Exotisches Wohnflair mittels bedrucktem Wandpapier – das Tapetenmuseum in **Rixheim** gibt Einblick in Ausstattungsmoden und Techniken (28, rue Zuber, La Commanderie, tägl. 10–12 und 14–18 Uhr). Alle Regionen und Traditionen des Elsass auf einem Fleck – das Ecomusée in **Ungersheim** macht's möglich. Alte Gebäude, Handwerksdarbietungen, Storchenpark, Restaurants bilden ein vielbesuchtes Ensemble (tägl. 9.30–18 Uhr, Juli/August bis 19 Uhr, November bis Februar 10.30–16.30 Uhr).

Art déco-Glanz vom Entree über die Bar bis zu den Zimmern bietet das ›Parkhotel‹

37

Le Clos du Murier

Karte: D 12
42, Grand Rue
68170 Rixheim
Tel. 03 89 54 14 81
Fax 03 89 64 47 08
Kreditkarten: Visa, Carte Bleue
Geöffnet: ganzjährig

Preise: Zimmer 50–56 €, als Suite-Kombi 88 €, ab der vierten Übernachtung zehn Prozent Rabatt. Wochentarif: 320–353 €, Suite 555 €. Zusatzbett 16 €, Kinderbett (4–10 Jahre) 8 €, Frühstück 6,50 €.

Anfahrt: Von der A 35 aus Richtung Mulhouse bis zur Abfahrt Rixheim; dort der Hauptstraße ins Ortszentrum folgen.

Das Hotel: »Es war Liebe auf den ersten Blick« gesteht Bernhard Weibel. Der gebürtige Mulhouser schaut dabei allerdings nicht auf seine Lebensgefährtin Rosa Volpetti, sondern auf das reizende Fachwerkanwesen, in dem beide seit 1998 Apartments vermieten. Fünf sind es insgesamt, verteilt auf die drei Etagen des fast 400 Jahre alten Hauses im Herzen von Rixheim. Ursprünglich gehörte das Gebäude, vor dem heute Lavendel duftet und Zitronenbäumchen grünen, der Gemeinde – und drohte zu verfallen. 120 Tonnen Schutt musste das Paar Weibel/Volpetti entsorgen lassen, bevor es mit der Sanierung der Teilruine beginnen konnte. 16 Monate dauerten die Bauarbeiten – dann ging es an die Ausstattung der Räume und die Gestaltung des Gartens um den namengebenden, fast 200 Jahre

Tipp

Besuch beim Käsepapst

Beinahe an der Schweizer Grenze, in Vieux-Ferrette, wirkt der Käsemacher, bei dem fast alle Sternerestaurants von Frankreich auf der Kundenliste stehen: Bernard Antony. Im ›Sundgauer Käskaller‹ kann man die unter seiner Aufsicht gereiften Köstlichkeiten wie Fourme au Gewuerz, Tomme du Larzac, echten Brie und herrlichen Saint-Felicién vor dem Kauf probieren. Am Wochenende gibt es in Anthony's ›Stub‹ ein Käsemahl: ›La cérémonie du fromage‹ (ca. 38 € pro Person).

alten Maulbeerbaum (frz. murier). Zwischen 19 und 35 m^2 messen die charmanten, durchweg mit Kitchenette ausgestatteten Apartments. Alle wirken sehr persönlich: neben dem französischen Bett mit gepolstertem Kopfteil steht eine alte Kommode, dazu gruppieren sich ein bequemes Zweiersofa, Bugholzstühle und ein heller Bäckertisch. Weiße Wände und Kachelböden bilden einen hübschen Kontrast zum frei liegenden, historischen Gebälk, die modernen Bäder spielen mit grafischen Elementen wie farbigen Zierleisten in den weißen Fliesen und schwarz-weiß gemustertem Fußboden. Die größte Unterkunft liegt im Erdgeschoss, wo in einer hübschen Ecke am runden Tisch mit filigranen Eisenstühlen das leckere Frühstück serviert wird; Nr. 4 unter dem Dach ist das kleinste Apartment. Zu jedem der fünf Zimmer gehört ein überdachter Stellplatz im Garten – und für jeden Gast hat Monsieur Weibel auch einen Spind im Garagenanbau vorgesehen. Und noch eine Menge mehr: Grillwerkzeug (inklusive Handschuhen), Fahrräder, Einkaufswägelchen – alles, was der Mensch so braucht im Urlaub oder für ein langes Wochenende und nicht gerne mitschleppen möchte. Auch die kleinste Kleinigkeit zu beachten und zu bedenken, damit seine Gäste sich wohlfühlen, ist ein Muss für Bernhard Weibel – vielleicht weil er eigentlich Feinmechaniker ist von Beruf. Seinen diesbezüglichen technischen Fähigkeiten verdanken die Gäste des Clos du Murier auch das komfortable Bogenportal: es öffnet sich automatisch, wenn man mit dem Auto ein- oder ausfahren will; lästiges Aussteigen zum Schließen entfällt. Und den schönen Renaissancebrunnen brachte der Hausherr selbstverständlich ebenfalls wieder zum Funktionieren.

Besichtigung: In den eindrucksvollen Räumen der **Commanderie** aus dem frühen 18. Jahrhundert wurden bis 1983 Tapeten und andere dekorative Motive auf Papier gedruckt. Nach der Aufgabe der Produktion sind die Räumlichkeiten nun als Museum zugänglich (Musée du Papier Peint, 28, rue Zuber, Tel. 03 89 64 24 56).

Ausflugsmöglichkeiten: Mulhouse, der Sundgau, die Route des Crètes mit ihren zahlreichen Fermes-Auberges.

Restaurants: Le Manoir (s. S. 132), **La Poste Kieny** (s. S. 131), **Hostellerie Paulus** (4, place de la Paix, Landser, Tel. 03 89 81 33 30). Hervé Paulus paart traditionelle Rezepte mit avantgardistischen Techniken: probieren Sie das Täubchen mit krossem Kraut und den Apfelstreusel mit Cidreeis.

Liebevoll restauriert und perfekt organisiert: das ›Maulbeerbaum‹-Anwesen

38

Château d'Isenbourg

Karte: C 10
68250 Rouffach
Tel. 03 89 78 58 50
Fax 03 89 78 53 70
E-Mail: isenbourg@grandetapes.fr
oder isenbourg@slh.com
www.isenbourg.com
Kreditkarten: alle gängigen
Geöffnet: ganzjährig

Preise: DZ 108–260 €, Apartments 276–430 €, Zusatzbett 31 €, Frühstück 15 € bzw. 22 € (Büffet), Halbpension 75 €.

Anfahrt: Von Mulhouse auf der D 430 und der N 83 Richtung Colmar bis Ausfahrt Rouffach Nord, dann Richtung Ortsmitte halten.

Das Hotel: Gallibuhl heißt der langgestreckte Hügel an den Ausläufern der Vogesen, auf dem sich majestätisch der von zwei Ecktürmen akzentuierte Gebäuderiegel des Château d'Isenbourg erhebt. Weinreben dehnen sich zu seinen Füßen, bis hinunter an die Hauptstraße von Rouffach – und ein großzügiger Park rahmt das Ensemble, welches seit 1999 zu den Small Luxury Hotels of the World zählt. Bereits zur Zeit der Merowinger stand an dieser Stelle eine Burg, und Karl der Große signierte hier um das Jahr 800 einen seiner Erlasse. Doch schon im Mittelalter wurde die Isenbourg – ob sie ihren Namen von dem Wort Eisen oder von der Göttin Isis herleitet, ist bis heute ungeklärt – komplett zerstört und 1822 machte man ihre mehrfach wiedererbauten Mauern erneut dem Erdboden gleich. Der Schlossbau, wie man ihn heute

Stilvoll wie für Ihro Durchlaucht höchstpersönlich gibt sich Schloss Isenbourg

sieht, basiert auf einer Landvilla des 19. Jahrhunderts. Er umfasst 40 individuell gestaltete Gästezimmer – viele davon wurden erst kürzlich renoviert. Denn 1998 gab es einen Direktorenwechsel, seither leitet eine Deutsche die Geschicke des Hauses.

Exquisite Stoffe, mal kräftig, mal dezent, oft Ton in Ton mit der Wandverkleidung und erlesene Möbel im Directoire-Stil oder wie zu Zeiten von Louis XIII prägen die durchweg großzügigen Zimmer. Mal setzen halbhohe, weiße Wandvertäfelungen einen luftigen Akzent, mal darf der Schläfer seine Träume unter einem sonnengelb geblümten Baldachin am Kopfende seines Bettes entfalten. Vom Zimmer Nr. 17 aus bietet sich dem Gast ein grandioser Blick auf die Weinberge Rouffachs; Nr. 2 besticht durch seine eigene Terrasse und privaten Zugang zum Schwimmbecken. Jeder Raum hat seinen eigenen Reiz – und stets genügend Platz für eine kleine Salonecke – oder, wie die drei Apartments, tatsächlich einen kompletten Wohnbereich.

Um zu speisen, stehen im Château d'Isenbourg mehrere Möglichkeiten zur Wahl: bei schönem Wetter beginnt man den Tag zu Füßen des Eckturms auf der Frühstücksterrasse und wechselt dann – nachdem man den Apéritif auf der luftigen Fin-de-Siècle-Veranda eingenommen hat – auf die neue Terrasse in der Mitte des Gebäudes zum leichten Grill- bzw. Sommermenü. Wer eher edles Marmordesign und eine traditionell-feine Atmosphäre um sich haben möchte für seinen Lunch oder sein Diner mit exquisiter Foie Gras oder Wildspezialitäten, begleitet von Frankreichs besten Weinen, ist im **Restaurant** Les Tommeries an der richtigen Adresse

– sein Name stammt übrigens von den bei Umbauarbeiten im Haus gefundenen Glasgefäßen, in denen man einst die Rebschößlinge überwintern ließ. Romantisch hingegen geht es zu in den erhalten gebliebenen mittelalterlichen Schlossgewölben – wo Ritter Dagoberts Rüstung im Kerzenschein funkelt.

Aktivitäten: Zum Schloss gehört ein beheiztes Freibad, von dem man das Dorf überblicken kann, ein Hallenbad mit Sauna, Whirlpool, Hamam und Fitnessraum sowie ein Tennis- und ein Petanqueplatz. In der näheren Umgebung liegen ein Reitzentrum und ein Golfplatz.

Besichtigung: Rouffachs Kirche Notre-Dame de l'Assomption mit ihrem romanischen Kern, der Hexenturm (Tour des Sorcières), die Kornhalle aus dem 16. Jahrhundert, das alte Rathaus sowie eine Vielzahl weiterer Bauten aus Mittelalter und Renaissance gruppieren sich um den ausgedehnten Place de la République und in seinen umliegenden Gassen.

Ausflugsmöglichkeiten: Colmar, die Dörfer der Weinstraße und die romanische Straße, Le Petit Ballon.

Restaurants: Philipp Bohrer (s. S. 134), **Auberge au Vieux Pressoir** (s. S. 135) in Westhalten, **Au Cheval Blanc** (20, route de Rouffach, Westhalten, Tel. 03 89 47 01 16). Gilbert Koehler ist sicher der diskreteste Sternekoch im Elsass. Im traditionellen Ambiente des Familiengasthofes gibt es Mousse de Foie Gras vom Löffel, offene Ravioli mit Meeresfrüchten und herrliche Desserts wie den Quitten-Apfelstrudel.

39

Hostellerie Saint Barnabé

Karte: B 10
68530 Murbach-Buhl
Tel. 03 89 62 14 14
Fax 03 89 62 14 15
E-Mail: info@hostellerie-st-barnabe.com
oder saintbarnabe@chateauxhotels.com
www.hostellerie-st-barnabe.com
Kreditkarten: American Express, Euro-
card, Mastercard, Visa, Diners, JCB
Geschlossen: 24. bis 26. Dezember und
ca. 10. Januar bis 10. März

Preise: DZ 68–165 €, Frühstücks-büffet 14 €, Zusatzbett 14 €, Tiere 7,5 €, Aufenthaltstaxe 0,46 € pro Person/Tag.

Anfahrt: Von Mulhouse auf der D 430, circa 4 km nach dem Ortsende von Guebwiller links abbiegen in das Örtchen Buhl, dort an der Kreuzung hinter der Firma Schlumberger rechts abbiegen auf die D 429, dann links auf die D 40II nach Murbach-Buhl.

Das Hotel: Bereits Ende des 19. Jahrhunderts stand an dieser Stelle im waldreichen Tal des Murbachs ein kleiner Gasthof, und in den fünfziger Jahren pilgerten Gourmets in Scharen an den abgelegenen, von Tannen umgebenen Ort inmitten der Vogesenberge, um die Sterneküche von Monsieur König zu goutieren. Inzwischen wuchs das Anwesen auf fast 30 Zimmer und Suiten – untergebracht im traditionsreichen Haupthaus, das direkt in einer Biegung der Talstraße liegt, in einem neuen Gebäuderiegel, dem sogenannten Grünen Pavillon

Tipp

Familienroman

Der in Lautenbach geborene Schriftsteller Jean Egen setzte dem Örtchen im Lauchtal mit dem Roman ›Les tilleuls de Lautenbach‹ ein literarisches Denkmal. Die Geschichte einer elsässischen Familie in den Jahren zwischen 1870 und 1945 avancierte in Frankreich zum Bestseller und erschien auch auf Deutsch (Die Linden von Lauterbach, Rowohlt Taschenbuch Verlag). Die dreischiffige romanische Basilika von Lautenbach (geöffnet täglich 8–12 und 14–18 Uhr) mit ihrem teils skurrilen Figurenschmuck gehörte einst zu einem Benediktinerkloster.

(›La maison verte‹) – im Garten dahinter (Zimmer Nr. 21, 23, 25 und 27, alle ebenerdig, nicht besonders groß, mit winziger Terrasse und meist nur mit Dusche) sowie in einem kleinen, freundlich gelb getünchten Châlet zwischen beiden. Letzteres ist ein rustikales, ruhiges Nest für ein Wochenende zu zweit: Die Fußböden sind aus Stein und Holz, neben dem Kamin steht ein hübscher Diwan, über dem Bett schwebt ein Baldachinkrönchen und im Bad sprudelt ein Whirlpool.

Seit Clémence und Eric Orban die Hostellerie vor rund einem Jahrzehnt übernahmen, ließen sie immer wieder verschiedene Partien renovieren. So erwarten die Gäste in der ersten Etage des Haupthauses inzwischen sehr schöne Suiten im Landhausstil (z. B. Nr. 9) mit Parkett und Franklin-Kamin. Auch die einfacheren, kleineren

Zimmer im zweiten Obergeschoss sind hübsch eingerichtet. Sie weisen oft leichte Schrägen auf und zeigen zu den Pastelltönen von Bettüberwurf und Tapete offenes Balkenwerk mitten im Raum, an der Decke und im modernen Badezimmer (z. B. Nr. 17). Alle Zimmer verfügen über Fernseher mit Satellitenempfang; Bad und Toilette sind in der Regel getrennt.

Auf den Gängen sorgen antike Kommoden, ein schön geschnitzter alter Waldschrank und verschnörkelte Nähmaschinen für nostalgischen Charme. Etwas plüschig wirkt der Lesesalon mit seinen Blumensesseln und auch der Treppenaufgang im Haupthaus steht auf der Liste der Renovierungsvorhaben.

Im Erdgeschoss des Haupthauses sind das **Restaurant** (mit Terrasse) und eine großzügige, rustikale Bar untergebracht. In der Küche steht der Herr der Hauses. Seine Karte umfasst elsässische Spezialitäten ebenso wie internationale Gerichte, die Weinauswahl reicht von den Grand Crus der Region bis hin zu den Tropfen wenig bekannter lokaler Winzer.

Besichtigung: Bereits im 8. Jahrhundert, zur Zeit der Herzogsdynastie der Etichonen, die damals im Auftrag der merowingischen Könige im Elsass herrschten, wurde im Murbachtal die Benediktinerabtei **Murbach** gegründet. Sie entwickelte sich bald zu einem der reichsten und mächtigsten Klöster des Elsass. Während der französischen Revolution wurde es weitgehend zerstört. Von der romanischen Abteikirche blieb lediglich der Ostteil mit den beiden wuchtigen Vierecktürmen erhalten.

Aktivitäten: Zum Hotel gehört eine Minigolfanlage, ein Tennisplatz sowie eine Angelstrecke. Zahlreiche Wanderwege verlaufen durch das ruhige Murbachtal.

Warme Farben prägen die neu eingerichteten kleinen Suiten im Haupthaus

40

Les Violettes

Karte: C 10
68500 Jungholtz-Thierenbach
Tel. 03 89 76 91 19
Fax 03 89 74 29 12
Kreditkarten: alle gängigen
ganzjährig geöffnet

Preise: 87–122 €, Suiten 165–229 €, Frühstück 11 €, Kinder unter 12 Jahren 6,10 €. Halbpension 98–169 € pro Person je nach gewählter Zimmerkategorie. Garage 6,10 €, Tiere 6,10 €, Zusatzbett 23 €. Sonderangebot Soirée Etape: Übernachtung/ Diner/ Frühstück 68,60 € pro Person, (nicht an Wochenenden und Feiertagen).

Anfahrt: Von Mulhouse auf der D 430 bis Soultz, auf der D 5 in Richtung Jungholtz. Dort im Ort nach links (über die Bahngeleise) abbiegen nach Thierenbach bzw. dem Schild Hotel Iris folgen. An der Wallfahrtskirche unterhalb dieses Hotels den Parkplatz queren, dann kommt Les Violettes bereits in den Blick.

Das Hotel: Bescheiden wie das namensgebende Veilchen duckt sich das aus groben hellen Quadern gefügte

Tipp

Jazz im Kloster

Im Centre Polymusical des Dominicains (Tel. 0389741996), einem spätgotischen ehemaligen Benediktinerkloster in Guebwiller, finden allmonatlich Jazzkonzerte statt.

zweigeschossige Gebäude am Waldrand im grünen Rimbach-Tal, nur wenige Spazierminuten von der Wallfahrtskirche der Muttergottes der Immerwährenden Hilfe entfernt. Doch sobald man näher kommt, erkennt man den Charme des ländlichen Hauses. Die schmucke Terrasse lädt zum Lesen oder Sonnenbaden ein, und auch das Entree verströmt ein Gefühl des Willkommenseins. Seit 2001 steht das Anwesen unter der Obhut neuer Besitzer, bis zum Jahresende führten sie es noch im alten Stile, dann schlossen sie das Haus und nahmen sich vier Monate Zeit, es vollständig zu renovieren. Alle Zimmer wurden vergrößert und modernisiert, so dass statt der ursprünglich 24 jetzt nur noch 22 behagliche Refugien den Gast in Haupthaus und Annex, der Gentilhommìere, erwarten. Auch ihr Dekor wurde weitgehend verändert, statt der elegant-altmodischen Ausstattung im Louis-Seize-Stil dominiert nun gehobenes Elsässer Flair. Ein Aufzug erleichtert überdies jetzt das Erreichen der Obergeschosse, weitere kleinere und größere Modernisierungs-Projekte stehen auf dem Programm. So soll etwa die hübsche verglaste Veranda im Erdgeschoss des Haupthauses vergrößert werden; von ihr bietet sich, um einiges besser noch als von der etwas tiefer gelegenen Gartenterrasse, ein schöner Blick ins Rimbach-Tal. Das Hotel-Restaurant (Salle à manger) strahlt mit seinem Eichenparkett und den offenliegenden Deckenbalken eine ländlich-kultivierte Atmosphäre aus. Diese Dualität findet sich auch wieder in der **Küche** der ›Violettes‹: Sie paart Traditionelles mit neuen kulinarischen Genüssen, beide ausschließlich zubereitet mit Qualitätsprodukten, viele davon aus der Region.

›Die Veilchen‹ sind eine Oase der Ruhe, geführt mit sehr viel persönlichem Charme

Aktivitäten: Das Hotel verfügt über eine Sauna mit Whirlpool. Die Waldwege in der Umgebung sind ideal zum Joggen. Etwa 1 km vom Haus entfernt gibt es Tennisplätze. In Jungholtz können (bei Monsieur Munsch, Tel. 03 89 74 10 30) Pferde gemietet werden. Er organisiert auch Kaleschenausflüge und Reittouren über mehrere Tage. Wer Angeln möchte, kann für den Etang de Thierenbach Erlaubniskarten in der Boulangerie Burger in Jungholtz erwerben, für den Fischteich an der Straße nach Murbach gibt es die Erlaubnisscheine Sa/So im Juli/August vor Ort. Drachenfliegen: In Markstein (Tel. 03 89 82 63 35) werden zwischen Mai und Ende September Wochenpauschalen für verschiedene Kenntnisstufen angeboten. Guebwiller besitzt eine große Badeanlage mit Frei- und Hallenschwimmbad. Im Winter bieten sich Le Markstein (1240 m), Le Grand Ballon (1424 m) zum Alpinskifahren und Langlaufen an, auf dem Petit Ballon (1267) kann man ebenfalls in der Loipe gleiten.

Besichtigung: Die zwiebeltürmige **Wallfahrtsbasilika** der ›Muttergottes der Immerwährenden Hilfe‹ in Sichtweite des Hotels ist ein wahres Kleinod. Der **jüdische Friedhof** von Jungholtz gilt als einer der ältesten im Elsass. In **Guebwiller** beherbergt das Musée du Florival, 1, rue du 4. Février (Tel. 03 89 74 22 89, tägl. außer Di 14–18 Uhr, Sa, So und Feiertage 10–12 und 14–18 Uhr) die bedeutendste Sammlung von Werken des im Ort geborenen Kunstkeramikers Théodore Deck (1823–1891).

Ausflügsmöglichkeiten: Mulhouse, die Route des Crêtes, die Route des Vins (Orschwihr).

Restaurants in der Umgebung: **Metzgastuwa** (s. S. 136) in Soultz, **Philippe Bohrer** (s. S. 134) in Rouffach.

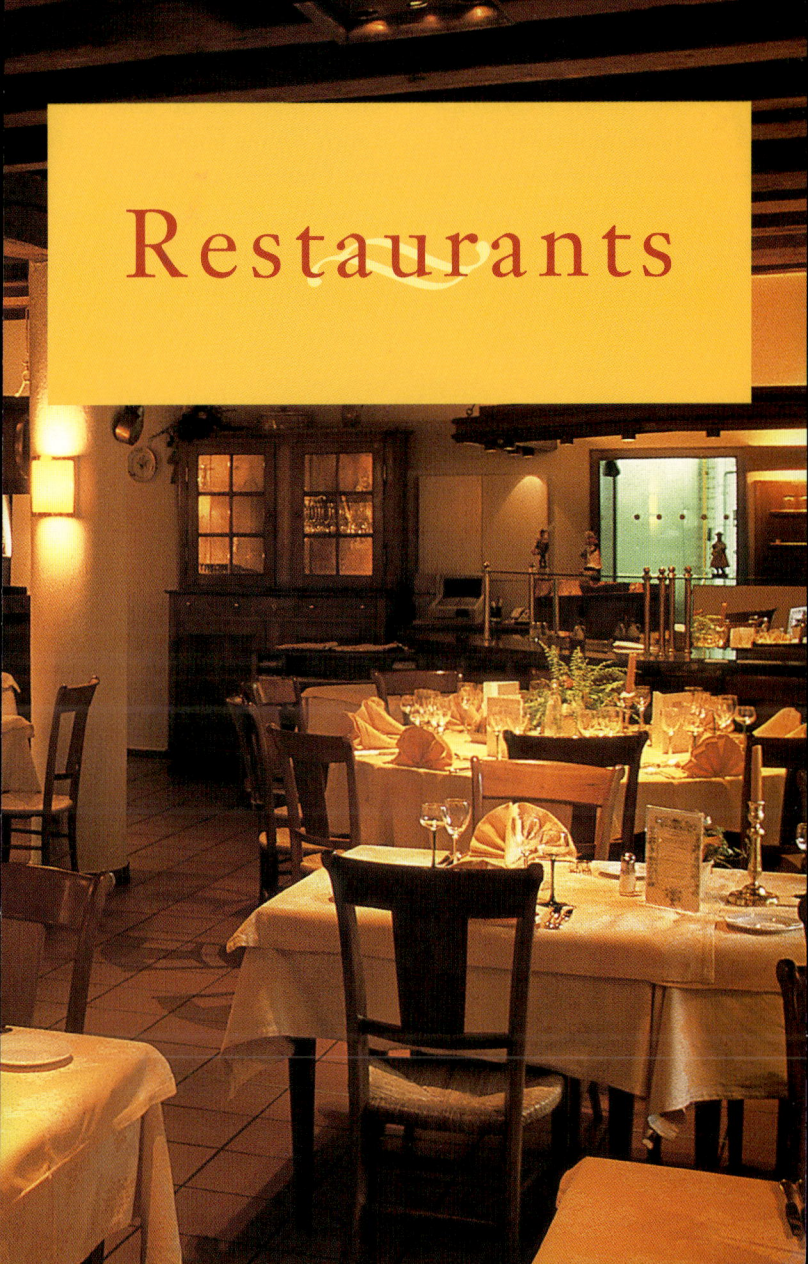

Restaurants

Restaurants

Keine zweite Region Europas, ja der Welt, vereint so viele ausgezeichnete Gourmetadressen wie das Elsass. Unzählige Michelinsterne funkeln hier, oft an den abgelegensten Orten. Aber nicht nur Herdkünstler wie Jean-Georges Klein, die Haeberlins, Emile Jung, Antoine Westermann, Frederick Edel oder Shootingstar Eric Runser machen die kulinarische Qualität des Elsass aus. Auch junge Talente, die noch nicht die Weihen der Feinschmeckerbibeln haben, einfache Winstuben und Brasserien bescheren dem Gast eine Küche, deren Güte man in vergleichbaren Lokalitäten anderswo vergeblich sucht. Vielleicht liegt das daran, dass der Elsässer ein Genussmensch ist. Das Naturell dieses Volkes, schrieb ein Dichter des 18. Jahrhunderts, sei die Freude. Die Freude am Leben, am guten Leben vor allem. Tatsächlich trifft man die Bewohner dieses Landstrichs zwischen Rhein und Vogesen häufig mit strahlenden Augen vor einem Glas Wein und einem gut gefüllten Teller. Sonntagmittag pilgert selbstverständlich die gesamte Familie ins Restaurant. Oft schon seit Jahrzehnten kennen die Gäste die Wirtsfamilie bzw. das Lokal und scheren sich keinen Deut darum, ob Kritiker es plötzlich in die Höhe loben oder mit spitzer Feder niedermachen. Was zählt, ist das eigene Urteil, der eigene Geschmack.

Und die Liebe zum Geschmack ist im Elsass ebenso ausgeprägt wie die Freude am Genuss. Bedingt durch die geografische Lage der Region erscheint diese Liebe in vielerlei Formen. Germanische Bodenständigkeit paart sich dabei mit französischer Fantasie, Üppigkeit mit Strenge. Hinzu kommt die Balance von Tradition und Moderne. Denn wie kaum in einer anderen Region Europas fließen im Elsass die Erfahrungen der Generationen ineinander. Ganz selbstverständlich treten Töchter und Söhne in die Fußstapfen der Eltern – sei es im Weinberg, am Herd eines Restaurants oder auch in anderen kulinarischen Metiers wie Bäcker, Konditor, Käser oder Metzger. Ein weiterer Faktor ist die Präsenz vieler Grundprodukte direkt vor der Tür: der Wald von Freudeneck etwa liefert das Wild, aus der Gegend um Kochersberg kommen Schnecken, um Krautergersheim erstrecken sich die Felder mit Kohl und die Ebene um Sélestat ist ein Obst- und Gemüseparadies. All dies zusammengenommen hat zwischen Wissembourg und Ferrette jenes besondere kulinarische Klima geschaffen, dass jährlich auch Tausende von Fremden lockt.

Das Deftige hat sich darin bestens gehalten, gleichzeitig gedeiht Raffiniertes prächtig. Der ursprünglich aus Resten geschaffene Baeckeoffe, die krosse *tarte flambée* mit Crème fraîche und Speck, die dicke, fleischgefüllte Winzertorte, der fritierte Karpfen, der Presskopf oder der warme Munsterkäse mit Kartoffeln – sie stehen für die traditionelle elsässische Küche. Es sind schlichte Bauerngerichte, sättigend und gut begleitet mit einem einfachen Riesling oder einem frischgezapften Bier. Denn das Elsass ist nicht

TIPP

Restaurants im Elsass

Charakteristisch für das kulinarische Elsass ist die **Winstub.** Ursprünglich war sie ein einziger, zur Straße gehender Raum, in dem Wein serviert wurde, begleitet allenfalls von deftigen Kleinigkeiten. Heute kann sich hinter der Bezeichnung allerlei verbergen: ein uriger Weinkeller, eine schlichte Stube mit karierten Tischdecken und dezent rustikalem Ambiente, ein stilvoll-gemütliches, dekorativ mit Nippes und antiquarischem Krimskrams überladenes kleines Restaurant oder ein großes Gasthaus mit Andenkengeschäft.

Ähnlich ist es mit den **Fermes-Auberges.** Die Kapazität der Lokale reicht mitunter bis zu 100 Gästen. Traditionell gibt es nur eine kleine Auswahl an Speisen – ein oder zwei warme Gerichte und deftige kalte Vesperspezialitäten. Meist sind es die kleineren Lokale, die hausgemachte landwirtschaftliche Produkte auch verkaufen – Käse, Butter, Honig, Kartoffeln, Pasteten, Terrinen, Fruchtsäfte, Milch etc.

Die Grenzen zwischen einer **Brasserie** und einem **Restaurant** sind oft fließend, um klarzumachen, dass es sich um eine gehobene Küche handelt oder gar um einen Gourmettempel, verwendet man den Begriff *restaurant gastronomique.*

Ein **Cave** oder **Caveau** muss nicht zwingend ein Keller sein, sondern kann sehr wohl zu ebener Erde kulinarische Freuden bescheren – von bodenständig bis abgehoben.

Preiskategorien

Günstig
Vorspeisen 5–7 €
Hauptgerichte 8–14 €
Desserts 5–7 €
Menüs 12–20 €

Gehoben
Vorspeisen 13–20 €
Hauptgerichte 22–30 €
Desserts 11–13 €
Menüs 46–65 €

Moderat
Vorspeisen 8–12 €
Hauptgerichte 15–21 €
Desserts 8–10 €
Menüs 21–45 €

Teuer
Vorspeisen 21–50 €
Hauptgerichte 31–60 €
Desserts 13–15 €
Menüs 66–120 €

N.B: Generell ist es preiswerter ein Menü zu bestellen. Viele, auch gehobene Restaurants, führen ein günstiges *Menu du terroir*, d. h. drei Gänge mit einfachen, regionalen Spezialitäten.

nur eine Weinbaugegend mit zum Teil exzellent ausgebauten Grand Crus, Spät- und Beerenauslesen, sondern seit langem auch eine Brauregion. Vor allem um Strasbourg konzentrieren sich die traditionellen Brasserien – während die Rebhügel sich, mit Ausnahme von Cleebourg, zwischen Marlenheim und Guebwiller erstrecken. Vier Quellen sorgen schließlich auch noch für die Zufriedenheit von Mineralwasserfans – sie sprudeln in Niederbronn-les-Bains, Ribeauvillé, Soultzmatt und Wattwiller.

Doch zurück zum Essen. Zander in Rieslingsauce, das Choucroute Royale (mit vier bis sechs verschiedenen Fleisch- und Wurstarten) oder ›aux poissons‹ (mit drei verschiedenen Fischen), Lewaknepfle (Leberknödel), Schniederspaet(z)le (Maultaschen), Wädle (Eisbein) und Zingale (Zunge), Schinken im Brotteig (jambon en croute) oder Schiffala (Schäufelchen) und andere ›Schweinereien‹ zählen

schon zu einer etwas aufwendigeren Speisenkategorie. Man findet sie daher nicht nur in den Winstuben, sondern auch in vielen Restaurants. Gleiches gilt für den Rheinaal. Selbst in die Gourmettempel der Region haben manche der rustikalen Traditionsspeisen (wieder) Einzug gehalten – verfeinert natürlich, oft auch gepaart mit Edelprodukten und fremdländischen Aromen. So kommt dann zum Beispiel die kräftige Blutwurst zum ›königlichen‹ Sauerkraut als fein mit Zimt und Nelken parfümiertes, kaum fingergroßes Etwas daher, die Fleischnacka ist statt mit Rind, Hammel oder Schwein delikat mit Schnecken und Süßwasserfischen gefüllt, das Schweinsohr getrüffelt und beim Kalbskopf wurden deutlich großzügige Foie Gras-Würfel eingearbeitet.

Eine weitere elsässische Spezialität, die man zur Saison in den unterschiedlichsten Varianten und Lokalen

Gast im Gourmetlokal

Egal, wieviele Sterne über dem Restaurant leuchten – eine Kleiderordnung gibt es nicht (mehr). Üblich ist allerdings, nicht eigenmächtig einen Tisch auszuspähen, sondern sich an den Maître d'hôtel zu wenden. Er führt Sie zum reservierten Tisch – und wenn Sie nicht vorbestellt haben, bemüht er sich, einen Platz zu finden. Ist gerade nichts frei, bittet man Sie meist, im Salon oder Entree den Apéritif zu nehmen. Bei der Bestellung ist es inzwischen durchaus kein Faux pas mehr, sich auf ein Gericht zu beschränken. Gute Restaurants schaffen es mühelos, einen ›Abweichler‹ in den Speisenablauf der Menü-Esser zu integrieren – man serviert ihm einfach einen zweiten oder dritten ›Gruß aus der Küche‹. Ein Menü nur begleitet von Mineralwasser erregt ebenfalls kein Erstaunen (mehr). Oft besteht zudem die Möglichkeit, Weine glasweise zu bestellen. Die Rechnung begleicht man tischweise. Aufrunden bei der Summe ist unüblich; man lässt sich das Restgeld herausgeben und legt dann das Trinkgeld auf den Tisch.

findet, ist der Spargel. Die feinen weißen Stangen wachsen in der Gegend um Hoerdt, nördlich von Strasbourg. Durch den bäuerlichen, von üppigen Gemüsegärten umgebenen Ort, verläuft übrigens auch die Elsässer Spargelstraße, deren Endpunkte Saint-Avold und Ungersheim bilden.

Zum Ausklang eines Mahls oder schlicht als deftigen kleinen Snack reicht man auch im Elsass Käse. Berühmtester Botschafter in dieser Hinsicht ist natürlich der Munster, vorzugsweise vom Bauernhof (munster fermier). In den Bergtälern zwischen Sainte-Marie-aux-Mines und Masevaux liegen die meisten kleinen Käsereien. Sie produzieren auch den Barikas oder Bargkas – einen kräftigen, schnittfesten Bergkäse sowie zahlreiche Ziegenkäsevarianten. Bleiben noch die Desserts: Selbstverständlich ist der Kougelhopf von nahezu keiner elsässischen Speisekarte wegzudenken – vielfach auch als Eis-

variante. In feineren Etablissements verwöhnt der Patissier gerne mit einem Streusel – ein gratiniertes Törtchen, gefüllt mit einheimischem Obst. Zur Abrundung und Verdauung des Ganzen empfiehlt sich – auch dort wo die Portionen nicht die typisch elsässische Mächtigkeit haben – einer der feinen lokalen Brände. Ein Schlehengeist vielleicht oder ein duftiges Birnenwasser, ein Rieslingtrester oder einen Marc de Gewurz. Bon appetit – et bonne dégustation!

1

Restaurant de L'Ange

Karte: G 1
2, rue de la République
67160 Wissembourg
Tel. 03 88 94 12 11
Kreditkarten: alle außer Diners
Geschlossen: Dienstag und Mittwoch
sowie zwei Wochen im Februar und
vom 15. bis 30. August.
Preiskategorie: moderat–gehoben

Anfahrt: Das Restaurant liegt im Ortskern, etwa 500 m vom Tourismusbüro entfernt.

Von der Grande Place im Herzen von Wissembourg sind es nur wenige Schritte bis zu dem blauen Fachwerkhaus mit Torbogen und üppig begrüntem Hof, hinter dessen Mauern Pierre Ludwig und seine Frau Josiane eine attraktive Speiseadresse geschaffen haben. Zwei schmale, ineinander übergehende Gasträume – der vordere mit einem schönen alten Tresen und einem Pausbackenengel, der über dem großen Wandspiegel schwebt, der hintere mit Einblick in die moderne Küche – laden zur kulinarischen Rast; sie wirken mit ihren dunklen Holzpaneelen und dem schlichten Dekor zugleich rustikal und elegant. Ähnliches lässt sich von der Küche Pierre Ludwigs sagen – sie reflektiert gekonnt die Region, erlaubt sich aber immer wieder Exkurse. So stehen neben Klassikern wie Schniederspaetzle mit Vogesenforelle und Zwiebelmarmelade, geschmorter Rinderschulter in Pinot Noir oder Zanderfilet mit hausgemachtem Sauerkraut mit Meerrettichsauce auch Fischvariationen nach Bouillabaisse-Art auf

Schnörkellos, aber kulinarisch ideenreich geht es zu im Ludwigschen ›Engel‹

der ›Engel‹-Karte, Schweinebäckchen mit grünen Linsen und Korianderjus oder ein Rehfilet in Walnusskruste. Als Vorspeise empfiehlt der Chef auch schon mal sechs Austern oder eine Muschelsuppe mit Safran; wer es Elsässischer mag, ist zum Auftakt mit der Blätterteigpastete mit Schnecken, Pilzen und Rieslingsauce bestens beraten. Zum Abschluss rät Madame Josiane, die den Servierherren unterstützt, zum Käsesortiment aus der Region. Süßspeisenfans sollten aber unbedingt die karamellisierten Dampfnudeln mit Apfel, Zimt und Kirschwassereis probieren. Alle Gerichte bieten die Ludwigs übrigens auch als halbe Portionen an – so kann man sich, alternativ zu den drei Menüs des Chefs, seine ganz persönliche Abfolge von drei oder vier Speisen zusammenstellen, ohne den Magen zu überladen.

2
Auberge du Cheval Blanc

Karte: F 1
4, route de Wissembourg
67510 Lembach
Tel. 03 88 94 41 86
Kreditkarten: Diners Visa, Amercan
Express, Eurocard
Geschlossen: Montag, Dienstag und
Freitagmittag sowie drei Wochen im
Februar und drei Wochen im Juli
Preiskategorie: gehoben–teuer

Anfahrt: Von Wissembourg über die
D 3 circa 15 km in südwestlicher
Richtung. Das Restaurant liegt an der
Hauptstraße in der Ortsmitte.

Unübersehbar prangt der steinerne
Pferdekopf über der Glastür vom Entree zur Küche und auch in dem kleineren der beiden Gasträume begegnet man wieder dem Namenspatron

In der alten Poststation wirken inzwischen
Vater und Sohn gemeinsam am Herd

des Restaurants, diesmal als ovales
Glasporträt. Bereits seit fast 100 Jahren begleitet das weiße Ross die Familie Mischler – denn schon der
Großvater von Monsieur Fernand betrieb in der ehemaligen Poststation
ein Restaurant. Inzwischen steht auch
der Urenkel am Herd. Dieses Ne-
beneinander zweier Generation spiegelt auch die Karte wider: Sie gibt sich
marktfrisch-klassisch bei den Vor-
und Hauptgerichten (obwohl die Präsentation Modernität suggeriert) und
etwas ›jünger‹ bei den Desserts. A la
carte könnte man sein Mahl etwa mit
einem Presskopf von geräucherten
Süßwasserfischen beginnen oder einem Hummersalat mit Estragoncre-
me. Zum Hauptgericht dann die Rot-
barbenfilets mit Ravioli und Meeresfrüchten oder ein Kalbskotelett mit
Waldpilzen. Für Geflügelfans empfiehlt sich die mit Lavendelhonig gla-
cierte Challansente, zur Wildzeit sollte man die Rehmedaillons mit roter
Fruchtsenfsoße probieren; während
der Saison die Jakobsmuscheln und
die Austern. Fernand Mischler liebt
Gewürze, seine Gerichte (das Angebot wechselt alle zwei Monate) gera-
ten daher meist recht pikant – bis hin
zu den hauchdünnen Dessert-›Ziegeln‹: 26 verschiedene *épices* (Gewürze) sind darin verarbeitet, ähnlich wie
bei Lebkuchen. Und das Zitronen-
krautsorbet zum süßen Abschluss
›würzt‹ man im Cheval Blanc mit einem Anis-Craquelin und Sechuan-
pfeffer. Ein halbes Dutzend Servierherren im schwarzen Anzug wuselt
zwischen dem schönen alten Tresen
und den zehn Tischen in der kleinen
Stube mit Holzsäule und schön geschnitzter Decke; man sitzt bequem,
speist mit edlem Silber – und hört viele deutsche Laute.

3

L'Arnsbourg

Karte: D 1
450, rue Principale
57230 Baerenthal
Tel. 03 87 06 50 85
Geschlossen: Dienstag, Mittwoch sowie
Januar und zwei Wochen im September
Kreditkarten: alle gängigen
Preiskategorie: teuer

Anfahrt: Von Haguenau auf der N62
bis Philippsbourg, dort auf die D 36.
Das Restaurant liegt circa 4 km außerhalb von Baerenthal im Untermühltal.

Puristische Formen paart Jean-Georges
Klein mit ausgefallenen Kreationen

Zu Großmutters Zeiten kamen die
Holzfäller aus dem Haguenauer Forst
regelmäßig, um eine frische Forelle aus
dem Bach hinter dem Haus zu essen
und einen kühlen Trunk zu nehmen.
Inzwischen pilgern Feinschmecker zu
dem fernab gelegenen Familienbetrieb. Denn Jean Georges Klein bietet
eine Küche, die ihresgleichen sucht.
Leicht, kreativ, inspiriert von fernöst-
lichen, mediterranen und südamerika-
nischen Elementen überrascht sie immer wieder aufs Neue – und das bei
gleichbleibendem Niveau. Natürlich
kann jeder ein Stück Kürbis braten –
aber Maître Klein versieht ihn mit einer Tomatenpistazienkruste und gibt
einen perfekt reduzierten Sauvignon-
Essig-Jus hinzu. Auch die Taubenbrust
lässt alle Gourmetherzen höher schlagen: butterzart, leicht rosé – und begleitet von einer Schokoladensauce!
Wer die ganze Bandbreite der L'Arns-
bourgschen Aromen kennen lernen
möchte, sollte sich das ›Menue Saveur‹
oder das ›Menue Découverte‹ gönnen:
sieben bzw. neun Gänge mit feinen
Zwischenhappen wie z. B. Sellerie mit
Guerandesalz, Kaffee, Olivenöl und
Balsamico-Essig. Die Palette der
Genüsse reicht bei den wechselnden
Speisenfolgen von einer Komposition
aus marinierten Jacobsmuscheln mit
Foie Gras über Kokossuppe mit krosser Rotbarbe und Madras-Curry bis
hin zu einem Trüffel-Törtchen ›à la
Carbonara‹ und einem Langoustinen-
Croustillant. Basilikum-Eis am Stiel,
wahlweise einzutauchen in Vanille-Oli-
venöl oder Walderdbeeren-Sauce, und
ein halbes Dutzend winziger süßer
Köstlichkeiten zum Entdecken runden
das mehrstündige kulinarische Vergnügen, über das Kathy Klein mit
ihrem Service-Team wacht, ab. Das
elegant-minimalistische Ambiente aus
warmem Holz, viel Glas und wenigen
asiatischen Akzenten wurde um einen
großzügigen Salon ergänzt, dafür
herrscht im Restaurant nun absolutes
Rauchverbot. Die feinen, sensiblen
Aromen der Kleinschen Küche haben
dies längst verdient.

4

Le Cygne

Karte: E 2
35, Grand'Rue
67110 Gundershoffen
Tel. 03 88 72 96 43
Geschlossen: Donnerstag- und Sonntag-
abend, Montag und die erste Januar-
woche, zwei Wochen im Februar und
drei Wochen Anfang August
Kreditkarten: Carte Bleue, Eurocard,
Visa
Preiskategorie: gehoben–teuer

Anfahrt: Von Haguenau auf der N 62
circa 15 km in nordwestlicher Richtung. Das Restaurant liegt an der
D 662 in der Ortsmitte.

Pralle, süße Trauben hängen vor der
blauen Fachwerkfassade – und wer
dies als Indiz nimmt für die Qualität

Einst ein bescheidenes Entlein, überrascht
der ›Schwan‹ nun Auge und Gaumen

der Weinkarte des von Annie und
Francois Paul geführten Restaurants,
liegt hundertprozentig richtig. Passend zum anspruchsvollen Keller der
Hausherrin gestaltet sich die Küche.
Monsieur Paul hat seinen Beruf von
der Pike auf gelernt und übernahm
mit Freude das Gasthaus der Schwie-
gergroßeltern. Ganz klein, erinnert er
sich, habe man angefangen vor gut
zwei Jahrzehnten. Inzwischen speist
man im ›Schwan‹ in zwei großzügigen
Räumen im eleganten Landhausstil.
Viele Stammgäste kann Madame Annie regelmäßig begrüßen; wenn der
freundliche Service die Karte bringt,
winken sie ab und fragen, was sie denn
heute essen sollen. Wer die Kreationen von Monsieur Paul indes noch
nicht kennt, sollte bei Aperitif und
amuse bouche in Ruhe die im Rhythmus
der Jahreszeiten wechselnden Spei-
senangebote studieren. Sie sind solide
im besten Sinne, mit exzellenten
Grundprodukten, die liebevoll wie gekonnt verarbeitet werden. Das beginnt
bei der Foie-Gras-Trilogie mit Fei-
genpüree und den Ravioli, gefüllt mit
Krebsen, Morcheln oder Basilikum,
setzt sich fort bei den Langusten-
schwänzen mit Kurkumaschaum und
endet beim ›Schwein von Kopf bis
Fuß‹ – in krosser Kruste zum Teil oder
mit Honig lackiert. Vor dem Dessert
dann wieder eine Hommage an
Althergebrachtes: Rumtopf – allerdings mit einem Klacks Sahne, so dass
ein hübsche rosafarbene Creme in den
Likörgläschen schimmert. Wer nun
keinen Platz mehr findet im Magen
für die Nachspeise – eine Komposition aus Mokkamousse und karameli-
sierten Nüssen etwa – kann sicher sein,
dass zum Kaffee weitere süße Versuchungen auf ihn warten: köstliche
Schokoladentrüffel.

La ferme de Suzel

Karte: E 3
15, rue des Vergers
67350 Ringendorf
Tel. 03 88 03 30 80
Kreditkarten: alle gängigen außer
American Express
Geöffnet: Mittwoch bis Sonntag 19–22
Uhr; Sonntags auch mittags. Un-
bedingt einige Tage im Voraus re-
servieren. Im Februar sowie zehn Tage
im August geschlossen.
Preiskategorie: günstig–moderat

Anfahrt: Von Strasbourg auf der
A 4/E 25 Richtung Paris bis Ausfahrt
Hochfelden, weiter über die D 7 nach
Nordwesten bis nach Ringendorf.

Wollten Sie schon immer mal in einer
Puppenstube speisen? Dann fahren Sie

Nostalgie in edler und uriger Form liebt
Madame Suzel über alles

zu Madame Odette, alias Suzel. Bekannt durch ihren Salon de Thé in
Strasbourg eröffnete die von Antiquitäten und Nippes begeisterte Patis-
seriekünstlerin 1999 in einem restaurierten alten Bauernhof ihre beiden
Landgasthausstuben. Geschmackvoll
drängt sich in ihnen Elsässisches aus
vergangenen Zeiten: Die Holzdecken
stammen aus der alten Poststation von
Osthofen, der Kachelofen befeuerte im
18. Jahrhundert eine Stube in Altkirch,
die bemalten ›Olmer‹-Sekretäre trug
die Lothringerin an mehreren Orten
ihrer Wahlheimat zusammen. Zu diesem Mobiliar gesellte ›Suzel‹ hunder-
te verspielter Details – vom eigenen
Kommunionkleid bis hin zu einer
Sammlung historischer Hochzeits-
hauben. Alles wirkt, als sei es schon immer dagewesen. Gleiches gilt für den
Garten, in dem Küchenkräuter gedei-
hen und Brennesseln für einen leckeren Flan oder eine Suppe. Als koche sie
für Freunde, lässt sich Madame Odette jeden Morgen vom Markt inspirieren, und wenn die Nachbarin im
Herbst frische Pilze bringt, dann werden eben diese zubereitet. Bei aller Im-
provisation gibt es jedoch einige be-
ständige Komponenten auf der Karte:
Die geräucherte Forelle mit Meerrettichsauce und Blini gehört dazu und
die Baiserkreationen zum Dessert. Ansonsten kann man vielleicht eine Terrine aus drei Fischen mit Gurken probieren, Blutwurst im Papier oder Kür-
bissoufflee mit Langusten. Die Präsentation der Speisen ist mütterlich-
liebevoll: Die gefüllten Wachteln werden im gusseisernen Schmortöpfchen
auf den Tisch gestellt, der Baeckeoffe
direkt aus dem Kachelofen serviert,
und zum Bœuf gros sel erhält der Gast
einfach eine Schale mit grobem Salz
und ein Weckglas mit Cornichons.

6

Taverne Katz

Karte: C/D 3
80, Grand Rue
67700 Saverne
Tel. 03 88 71 16 56
Kreditkarten: alle gängigen außer
American Express
Geöffnet: täglich 12–14.30 und
19–22.30 Uhr, geschlossen 24. Dezember
Preiskategorie: moderat

Anfahrt: Von Strasbourg auf der D 421 oder E 25 bis Saverne. Das Restaurant liegt im Stadtzentrum in der Fußgängerzone.

Natürlich thront eine Katze (aus Sandstein und mit einer Kokarde im Ohr) auf dem grüngekachelten Tresen – ansonsten aber hält sich Madame Camus in ihrem Lokal mit Anspielungen auf Henri Katz, den Erbauer des wohl augenfälligsten Hauses in Saverne, wohltuend zurück. Dafür kann sich der Blick des Gastes in eine überbordende, je nach Jahreszeiten wechselnde Winstubendekoration wie aus Großmutters Zeiten versenken – mit Kerzenleuchtern und Minikougelhopfformen auf den Tischen, bestickten Kissen, Tellerborden aber auch edlen kleinen Details wie einer exquisiten Karaffen- und Gläsersammlung.

Seit annähernd zwei Jahrzehnten bergen die Mauern des im 17. Jahrhundert für den Steuereinnehmer des Bischofs erbauten, von Künstlern prachtvoll bemalten und mit Holzschnitzereien verzierten Gebäudes ein Restaurant – nachdem zuvor schon eine Metzgerei, ein Böttcherbetrieb und eine Brauerei hier untergebracht waren. Die Küche dieses aus einer großen und einer kleinen Stube bestehenden Knusperhäuschen-Etablissements entspricht dem gewollten Einrichtungsklischee: regionaltypisch-rustikal – wobei man jedoch großen Wert auf Produktfrische legt und von Vorkochen wenig hält. Die Palette der Speisen reicht vom Zwiebelkuchen über die Wildterrine bis hin zu Lewerknepfles auf Sauerkraut. Berühmt ist die Taverne Katz für die gegrillten Schweinsbäckchen in Bier und das Choucroute d'Oie mit gefülltem Gänsehals. Im Herbst sollten Sie die Blutwurst mit Kastanien oder den Fasan mit Traubenfarce probieren. Als gelungene Abwandlung des traditionellen Fleisch-Baeckeoffes servieren die Katz-Köche ein in dem typischen irdenen Keramik-Oval aus Soufflenheim zubereitetes, safrani-siertes Fischtrio.

Behaglich wie eine Katze auf der Ofenbank können sich ›Katz‹-Gäste fühlen

7

Au Crocodile

Karte: E/F 5
10, rue de l'Outre
67000 Strasbourg
Tel. 03 88 32 13 02
Kreditkarten: alle gängigen
Geschlossen: Sonntag, Montag sowie
drei Wochen im Juli und zwei Wochen
ab Weihnachten
Preiskategorie: teuer

Anfahrt: Das Restaurant liegt im Altstadtkern, unweit der Place Kléber.

Drei Jahrzehnte im Crocodile konnten Monique und Emile Jung anno 2001 feiern – und eine Vielzahl von Auszeichnungen, angefangen vom Goldenen Schlüssel des Gault Millaut

Im Zeichen des Krokodils erkochte sich
Emile Jung höchste kulinarische Ehre

und diversen Grand Awards für eine der besten Weinkarten der Welt bis hin zu den drei Sternen des Guide Michelin. Liebenswürdig-professionell lenkt das Paar die Geschicke seines (inzwischen auch von Relais & Châteaux als Gourmetstation aufgenommenen) Hauses; Madame im Saale, Monsieur meist versteckt am Herd. Dort tüftelt er immer wieder an neuen Kreationen für seine ›grande cuisine‹, ändert traditionelle Rezepte durch einen Hauch von Kühnheit – stets jedoch bedacht auf die Harmonie der Aromen und den Respekt für die Produkte. Wein hält Emile Jung für den Genius der Küche – und entsprechend kundig berät in dieser Hinsicht sein mit freundlicher Ruhe agierendes Personal. Das Dekor mag zwar nicht jedermanns Sache sein (im großen Saal mit dem Jahrmarktgemälde von Grison schweben Papierschmetterlinge von der Decke), an der Qualität der Speisen und des Service gibt es im Crocodile indes absolut nichts zu kritisieren. Allein die umfangreiche Käsepalette und ihre Darbietung erfreut das Herz. Und wo findet man etwa getrüffelte Schweinsohren, eine Rote-Rüben-Consommé mit Quarkklößchen oder die Kombination aus Aal und Bauernhühnchen auf Kristallgelée? Alle drei Monate denkt sich Emile Jung zusätzlich zu seinen wechselnden à la carte-Offerten und *suggestions* ein umfangreiches Spezialitätenmenü aus; wer's weniger aufwendig mag (oder in Eile ist), erfreut sich am *déjeuner d'affaire*. Aber eigentlich ist es schade, dieses Flaggschiff der elsässischen Gastronomie schon nach einer Stunde wieder zu verlassen – ein ausgedehnter Samstagmittag oder ein langer Abend sind den kulinarischen Köstlichkeiten des Crocodile viel eher angemessen.

Buerehiesel

Karte: E/F 5
4, parc de l'Orangerie
67000 Strasbourg
Tel. 03 88 45 56 65
Kreditkarten: American Express, Diners
Club, Visa, Eurocard, Mastercard
Geöffnet: Do–Mo 12–14 Uhr und
19–21.30 Uhr; geschlossen 24. und 25.
Dezember, zwei Wochen im Januar
sowie drei Wochen im August
Preiskategorie: teuer

Anfahrt: Das Restaurant liegt im Europaviertel, am Eingang des Parc de l'Orangerie. Vom Stadtzentrum folgt man den Quais, dann dem Hinweis Robertsau/Orangerie.

Charmant duckt sich das fast 400 Jahre alte Fachwerkhaus inmitten eines gepflegten Gartens. Erbaut wurde es hier freilich nicht – Stück für Stück hatte es sein einstiger Besitzer 1895 am Ursprungsort Molsheim demontieren lassen und der Stadt Strasbourg anlässlich der Industrieausstellung als Beispiel eines typischen Elsässer Bauernhauses verkauft. Inzwischen wurden einige der Mauern geöffnet und ein transparenter Anbau mit Blick in den Orangeriepark geschaffen. In ihm konzentriert sich das Gros der auf insgesamt drei Räume verteilten Plätze. Die Küche von Antoine Westermann ist eine der am höchsten ausgezeichneten im ganzen Elsass – und das schon seit drei Jahrzehnten. Das mag daran liegen, dass der Wissembourger sich nicht ausruht auf seinen Lorbeeren, sondern davon überzeugt ist, man müsse auch als (Dreisterne-) Koch stets neu beginnen. Daher modifiziert er seine von exakter Garzeit und hoch konzentrierten Jus' geprägten Kreationen immer wieder, lässt die kulinarischen Entwicklungen fremder Länder einfließen und bedient sich innovativer Technik. Der Gast kann daher neben legendären Kompositionen wie Schniederspaetzle mit Froschschenkeln, Paté en Croute oder Hechtrücken regelmäßig Entdeckungen auf der Karte machen. Das gilt von den Vorspeisen bis zu den Desserts – wobei der »Vacherin, wie ihn meine Mutter liebte« und die mit Bier karamellisierte, von Biereis begleitete Brioche sicherlich nicht nur Traditionalisten entzückt. Den Enthusiasmus des Maître teilt der fachlich tadellose Service leider nicht, recht kühl und kurz fällt auch der Begrüßungsrundgang von Madame Westermann zu den Tischen aus.

Eine Sonne und drei Sterne zeichnen das Westermannsche ›Bauernhäuslein‹ aus

9

Le Panier du Marché

Karte: E/F 5
15, rue Sainte Barbe
67000 Strasbourg
Tel. 03 88 32 04 07
Kreditkarten: alle gängigen
Geschlossen: Samstag und Sonntag,
eine Woche im Februar, zwei Wochen
im August
Preiskategorie: moderat

Anfahrt: Das Restaurant liegt im Altstadtkern, Parkmöglichkeit Place Kléber oder Place Gutenberg.

Als François und Esther Morabito 1997 an der Stelle eines altbekannten Restaurants im Herzen Strasbourgs, aber etwas abseits der Touristenpfade, ihren ›Marktkorb‹ eröffneten, wollten sie kein ›starres‹ Unternehmen aufziehen, sondern das, was die Franzosen eine *entreprise souple* nennen, ein Lokal, das »sich anpasst an seine Gäste bzw. sich mit ihnen weiterentwickelt« – und natürlich auch auf die Preisschwankungen des Marktes reagieren kann. Aus diesem Grunde wählte der junge, bei vielen bekannten Maîtres ausgebildete Küchenchef die Formel eines einzigen, in kurzen Abständen wechselnden Festpreismenüs mit jeweils sechs Vorspeisen, Hauptgerichten und Desserts zur Wahl. Außergewöhnliche Kombinationen sind darunter ebenso wie Klassisches, die Inspirationen reichen vom Mittelmeer bis nach Fernost. Ein paar Beispiele gefällig? Gemüsetartar mit Sesamöl, Kumbawas und chinesischen Vermicelli oder Terrine mit Ricottacannelloni bei den Entrees, in der Riege der Hauptgerichte: gedämpfter

Im ›Marktkorb‹ der Morabitos vereinen sich Mittelmeer und Fernost

Merlan mit Vanilleöl und kandierten Radieschen, Fricassée von Hasenleber und -schulter oder Lammbraten in der Salzkruste mit Kartoffel-Knoblauch-Olivenpüree. Nachspeisen: Poitevinkäse-Törtchen mit gegrillten Aprikosen und Rhabarbercoulis oder eine Auswahl von Früchte-Sushi, begleitet von Earl-Grey-Eis. Die Eiscremes und Sorbets sind übrigens alle hausgemacht, ebenso wie das Brot. Bei den Weinen verfährt der Panier du Marché nach einer ähnlichen Philosophie wie bei den Speisen: Drei Preisklassen stehen zur Wahl – unter denen sich jeweils gut 20 (französische) Gewächse summieren. Ambiente und Service erfüllen ebenfalls die von den Morabitos vertretene Philosophie ›Gutes zu gutem Preis‹; man sitzt angenehm in dem hellen Raum mit hohen Fenstern, sonnenfarbenen Wänden und weißen Holzpaneelen.

10

A la Barrière

Karte: F 4
3, route de Strasbourg
67610 La Wantzenau
Tel. 03 88 96 20 23
Kreditkarten: alle gängigen
Geschlossen: Samstagmittag, Sonntag-
abend und montags sowie drei Wochen
im August und zwei Wochen Anfang
Januar
Preiskategorie: moderat

Anfahrt: Von Strasbourg auf der D 468 circa 13 km nach Norden. Das Restaurant liegt am Ortsausgang, dort wo die Hauptstraße die Eisenbahngleise kreuzt.

Wer würde schon an einem Dorf-Bahnübergang ein exquisites Restaurant vermuten? Denis Gross heißt seit 2001 der Besitzer, sein Küchenchef Sebastian Ferrer kehrte nach fast siebenjährigem Ausflug in Frankreichs Süden zurück ins heimatliche Oberelsass. Die beiden haben das Haus von Claude Sutter übernommen, ihm aber ihren eigenen Stempel aufgeprägt. Das klare, moderne Interieur im Farbspiel von Cassis, Zartgelb und Nebelgrau blieb zwar erhalten, wurde aber etwas abgemildert durch bordeauxrote Raffvorhänge und andere Details, die für eine etwas ›wärmere‹ Atmosphäre sorgen. Auch in Sachen Küchenphilosophie geht das neue Duo andere Wege. Das zeigt sich zur Freude des Gastes nicht zuletzt an den gesunkenen Preisen. Und natürlich im Angebot. Es paart aktuell interpretierte Klassiker der Region mit jenem Hauch von Süden, den Sebastien Ferrer mitgebracht hat von Tarn und anderen Regionen der Provence. Zudem fließt ein bisschen Exotik ein, so dass beispielsweise die Entenleber gereicht wird mit kandiertem Ingwer und Mangoschnitzen; das überkrustete Forellenfilet begleitet Korianderkaramel, und der Fischspieß ist mit Safran aromatisiert. Mediterrane Grüße bringen die Fischsuppe mit Rouille, der Rouget auf Kräutersalat oder das Schweine-Mignon mit provenzalischem Millefeuille. Bei der ›aumonière‹ zum Dessert begleitet den hübsch gebundenen, mit Sauerkirschen und einer Kirschcreme gefüllten Pfannkuchen das Aroma eines Quarkeisbällchens, die Crème Brulée kommt im Pistache-Kleid daher und die Himbeer-Galette mit geeistem Thymian. Auf der Weinkarte dominieren die Elsässer, sehr gut vertreten sind auch die Tropfen aus dem Bordelais und aus Burgund; eine halbe Seite widmet sich dem Languedoc, dem Südwesten und der Costière de Nimes.

Modern und charmant zugleich: Sebastien Ferrers ›Schranke‹

11

Hostellerie L'Ecrevisse

Karte: E 3
4, avenue de Strasbourg
67170 Brumath
Tel. 03 88 51 11 08
Kreditkarten: alle gängigen
Geschlossen: Montagabend und
Dienstag sowie zweieinhalb Wochen
Ende Juli/Anfang August
Preiskategorie: gehoben

Anfahrt: Von Strasbourg in nördlicher Richtung auf der A 4/E 25 bis zur Ausfahrt Brumath. Das Restaurant liegt im Ortskern, am Ufer der Zorn.

Schmausen und schlummern – im ›Krebs‹ bieten die Orths beide Möglichkeiten

Man schrieb das Jahr 1844, als der Fassmacher Krebs letzte Hand an sein kleines Gasthaus am Ufer der Zorn legte. In deren Wellen tummelten sich damals reichlich die schmackhaften *écrévisses* – zu deutsch: Krebse. Natürlich wurden sie zur Spezialität des Hauses ›Krebs‹ – und blieben es (in gut einem halben Dutzend Varianten) bis heute. Zwar steht inzwischen dort kein Herr Krebs mehr am Herd, aber noch immer gehört das Etablissement der gleichen Familie. Denn Salomé, die einzige Tochter des Böttchers Krebs, vermählte sich mit Jean Orth, einem ausgezeichneten Koch. Der installierte eine professionelle Küche in dem Lokal – und setzte Charles in die Welt, den Urgroßvater von Michel, welcher heute, gemeinsam mit seinem Vater Jean, die kulinarischen Geschicke des elegant-altmodischen Ecrevisse (und des etwas schlichteren ›Krebs Stuebel‹ unter dem gleichen Dach) lenkt. Das Duo pflegt gleichzeitig die traditionelle elsässische Küche und die moderne Kochkunst,

eine Kombination, aus der im Laufe der Jahreszeiten immer wieder köstliche, zum Teil gänzlich neue Kreationen erwachsen. Da gibt es etwa bei den Vorspeisen ein Mosaik von Forelle, Lachs und Aal mit Grünkohl und Senfvinaigrette, bei den Hauptspeisen ein Täubchen mit Zwetschgen, Trüffelsauce und ›Knepfle‹, Tournedos vom Seeteufel mit Oregano, eingelegten Auberginen und Parmesanspänen oder ein Fricassee von Kalbsbries und Hühnerfleisch mit Morcheln und Austernpilzen. Der Weinkeller der Familie Orth umfasst mehr als 500 Namen aus allen Regionen Frankreichs – mit einem besonderen Augenmerk auf den elsässischen Gewächsen. Wer sich nach dem Genuss von Krebsen und Wein nicht mehr hinter das Steuer setzen möchte, kann in der Hostellerie auch übernachten: 19 Zimmer und ein Apartment bietet das dazugehörige Hotel.

12

Bürestubel

Karte: E 4
8, rue de Lampertheim
67370 Pfulgriesheim
Tel. 03 88 20 01 92
Kreditkarten: Eurocard, Visa, Carte
Bleue
Geschlossen: Montag, Dienstag sowie
jeweils 14 Tage im Januar und Ende
Juli/Anfang August
Preiskategorie: günstig–moderat

Anfahrt: Von Strasbourg auf der D 31 circa 10 km nach Nordwesten. Das Lokal liegt am Ortsrand, Richtung Lampertheim.

Gleich beim Eintritt in die urige Gaststube fällt der Blick auf die frischen *tartes* mit Obst und das hausgemachte Brot. Dann schaut man auf die Tische und entdeckt fast überall: Flammekuche. Allerdings heißt er hier nicht – das zeigt die Karte und Monsieur Meyer, der Seniorchef des Familienbetriebs erläutert es gerne noch einmal – *tarte flambée*, sondern *tarte flammée*. Denn er ist in einem Spezialofen gebacken, in dem er gleichzeitig um das Feuer und sich selbst rotiert. Ob als Miniausgabe zum Entree oder als Hauptgericht, ob mit Weißkäse, Munster oder gratiniert – der krosse Teigfladen ist *d i e* Spezialität des Hauses. Und wurde dazu durch nichts anderes als einen Ulk: denn als die Mutter von Monsieur Eddy vor vielen Jahren ihren Lieben wieder einmal Flammekuche für das Wochenende versprach, setzten Freunde diesen Termin in die Zeitung. Am entsprechenden Abend standen natürlich zahlreiche Leser vor dem Tor des großen Meyerschen Bauern-

hofes, aus dem dann im Laufe mehrerer Jahrzehnte das heute fünf Säle und Räume umfassende Gasthaus erwuchs. In der modernen Küche regiert inzwischen Enkelsohn Pierre und bietet den Gästen eine fast komplette Auswahl traditioneller Elsässischer Speisen. Die sonst eher selten anzutreffenden ›Grumbeerekuechle‹ (Kartoffelküchlein) stehen ebenso auf seiner Karte wie ›Bluedwurscht mit meerädi‹, vom Metzger extra für die Meyers angefertigt, und drei Varianten ›Lawerknepfle‹. Außergewöhnlich sind die Schweinshaxe in Kirschbier und das ›Rossbiff‹ – echtes Pferdefleisch mit hausgemachten Spätzle. Auch das Eis machen die Meyers selbst – und zwei Mal pro Woche gibt es einen Spezialitätenabend: mit elsässischem Eintopf (Mittwoch) bzw. Baeckeoffe (Donnerstag). Dazu mundet trefflich der offene Wein im Betschdorf-Krügelchen.

An Sommertagen herrscht im romantischen Hof der Meyers fröhliches Treiben

13

Le Cerf

Karte: D 4
30, rue Général de Gaulle
6752 Marlenheim
Tel. 03 88 87 73 73
Kreditkarten: alle gängigen
Geschlossen: Dienstag und Mittwoch
sowie eine Woche Anfang März
Preiskategorie: teuer

Anfahrt: Von Strasbourg auf der A 351, die übergeht in die N 4, circa 25 km in nordwestlicher Richtung. Das Restaurant liegt am Ortseingang.

Man kommt zu den Hussers schon seit 1930. Michel Husser vertritt die vierte Generation, die am Herd dieses renommierten Hauses steht. 37 Jahre lang konnte es sich ohne Un-

Im Hof seines ›Hirschen‹ bietet Sternekoch Husser mitunter deftige Freuden

terbrechungen mit einem Michelin-stern schmücken. Inzwischen sind es zwei. Der nunmehr für die Küche verantwortliche Urenkel des Gasthofgründers paart unbekümmert Luxus und Bodenständiges. Allein das Choucroute mit Spanferkel ist die Einkehr wert: feinste Rippchen, Haxenstückchen, das Schnäuzchen und herrlich mit Zimt und Nelken gewürzte Blutwürstchen sowie ein Würfel von Foie Gras begleiten das frische Sauerkraut. Wer Fisch vorzieht, sollte das Frikassee aus Rhein-Aalen auf Kochersberg-Schnecken probieren, begleitet von einer Rolle aus weißen Fischen und einem Buttersößchen mit Sauerkrautsaft. Viele Produkte bezieht Michel Husser aus der Region – Reh und Hirsch etwa stammen aus dem Wald von Freudeneck, die Quitten als Beilage zur Entenleberpastilla wachsen in Westhoffen, die Äpfel für die feine Feuilleté mit Karamel und Fleur-de-Sel-Eis reifen in Traenheim. Auch beim Käse bleibt der Chef weitgehend dem Elsass treu, es gibt verschiedene Chèvres aus der Gegend von Lapoutroie und Munster vom Bergbauernhof. Die opulente Karte verzichtet freilich nicht auf Edelprodukte wie Riesenlangustinos – im eigenen Panzer gegrillt – oder Meeresschildkrötentartar. Zu fünf verschiedenen Menüs komponiert Michel Husser seine Kreationen, zudem lädt er regelmäßig zu kulinarischen Themenabenden ein: Meeresfrüchte, Trüffel, Wild oder Schwein heißt dann die Parole. Duftend dreht sich dabei mitunter auch ein Spieß im schönen Hof des – auch ein edel renoviertes kleines Hotel umfassenden – Fachwerkensembles. Denn eines war und ist den Hussers wichtig: gesellig soll ein Essen sein und entspannt die Atmosphäre.

14
L'Agneau d'Or

Karte: D 6
99 rue du Général Gouraud
67210 Obernai
Tel. 03 88 95 28 22
Kreditkarten: alle gängigen
Geschlossen: Samstagmittag, Sonntag-
abend und montags sowie drei Wochen
im Januar, ab 2003 zudem in der zwei-
ten Julihälfte.
Preiskategorie: moderat

Anfahrt: Von Strasbourg auf der A 35/
E 25 Richtung Sélestat bis zur Ausfahrt
Obernai. Das Lokal liegt im Stadtkern,
unweit der Place du Marché.

Vom kühlen Norden zurück zu den elsässischen Wurzeln: Nachdem Frede-
ric Schoellammer seine u. a. bei Le
Notre erworbenen Patissierkünste im
renommierten dänischen ›Fackelgar-
den‹ unter Beweis stellen konnte und
Landsmann Ives Matere dort lange
Zeit als Souschef fungierte, sind die
beiden nun im ›Goldenen Lamm‹ wieder ein Arbeitspaar. Allerdings sieht der
Alltag im eigenen Lokal anders aus als
zuvor. Vor allem für Monsieur Schoellammer. Denn er kümmert sich nicht
nur um die Präsentation der Gerichte
und natürlich die Zubereitung der
Desserts – z. B. des herrlichen Lebku-
chencreme-Törtchens mit passendem
Eis –, sondern auch meist noch persönlich um die Gäste. Das Feuerun-
glück, welches sein Lokal kurz nach der
Übernahme von den Vorbesitzern
heimsuchte, ist überwunden: Das
›Goldene Lamm‹ ist auferstanden aus
der Asche, es erstrahlt in neuem Glan-
ze. Ohne freilich die bewährte Philosophie einer Winstub gänzlich abzu-

In der Winstub L'Agneau d'Or
genießt man eine cuisine du marché

streifen. Nur ein wenig heller ist alles
geworden in dem traditionsreichen
Gasthaus im Herzen Obernais, etwas
lichter in der Ausstaffierung. Und Fre-
deric Schoellammer pflegt im Einklang
mit seinem Sous-Chef statt Menüpa-
lette und Standardkarte eher eine *cuisine du marché*. Das bedeutet, es kommt
auf den Tisch, was morgens frisch auf
dem Markt angeboten wurde. Oder
was der befreundete Metzger gerade
geschlachtet bzw. gut abgehangen hat.
Jeden Tag also eine neue kulinarische
Überraschung. Wer lieber nach Be-
kanntem, Bewährten Ausschau hält,
muss aber dennoch nicht kehrtmachen
vor der Türe des L'Agneau d'Or: Einige der typischen bodenständigen Elsässer Gerichte wenn auch nicht unbedingt herkömmlich interpretiert –
gehören ebenfalls zum Repertoire.
Und natürlich die passenden Weine.

111

15

La Fourchette des Ducs

Karte: D 6
6, rue de la Gare
67210 Obernai
Tel. 03 88 48 33 38
Kreditkarten: alle gängigen
Geöffnet: Di–Sa 19–22.30 Uhr; So
12–15 Uhr, geschlossen im August
sowie eine Woche im Januar
Preiskategorie: teuer

Anfahrt: Von Strasbourg auf der A 35/E 25 Richtung Sélestat bis zur Ausfahrt Obernai. Das Lokal liegt direkt gegenüber vom Bahnhof.

Winzig, aber bereits sehr anspruchsvoll war das Restaurant, welches Nicola Stamm und Serge Schaal in Haguenau führten. Nun gebieten die beiden jungen Herren – Küchenchef Nicola ist Jahrgang 1972, der für Service und Wein zuständige Serge zwei Jahre älter – nicht nur über reichlich Fläche, sondern auch über den Charme eines der ältesten Häuser von Obernai. Mit moderner Kunst aus ihrem Privatbesitz und zeitgenössischen Glastellern setzen sie zum dunklen Holz des historischen Gastraums und der von dem berühmten Elsässer

Möbel- und Holzbildgestalter Charles Spindler Ende des 19. Jahrhunderts ausgestatteten Kaminstube exquisite Kontrapunkte. Die Speisekarte zeugt von Mut und Talent: Gänseleber mit Lebkuchengewürz und Pinot-Noir-Gelee, Ravioli mit getrüffeltem Erbsenpüree und Nussbutter, Seeigel in Meeresfrüchtebouillon, St. Peter-Fisch begleitet von einem Schnecken-Sesam-Spießchen. Die Arrangements sind ein Augenschmaus, doch auch der Gaumen jubelt. Wie witzig man Altbekanntes in Szene setzen kann, zeigt Nicola Stamm besonders eindrucksvoll bei den Vordesserts: neben Kokosschnittchen mit Nüssen präsentiert er dort eine Vanillecreme in Bierseideln aus der Puppenstube – eine süße Mini-›Maß‹ mit ordentlichem (Sahne)Schaum. Die Pfirsichsuppe mit Pralinenravioli sollte man sich aber dennoch nicht entgehen lassen. Anders als viele seiner Kollegen verarbeitet Stamm Trüffel nicht nur während der Saison, sondern ständig. Eines seiner großen Menüs hat er ganz der aromatischen Knolle gewidmet, die drei anderen wechseln im Vierteljahresrhythmus. Monsieur Serge findet mühelos zu jeder Speise den entsprechenden Tropfen aus dem dicken Weinalbum. Stets bietet er hervorragende Kreszenzen auch glasweise an.

Die zwei von der
›Herzogengabel‹:
Nicola Stamm und
Serge Schaal

16
Chez Philippe

Karte: E 5
8 Place de l'eglise
67113 Blaesheim
Tel. 03 88 68 86 00
Kreditkarten: alle gängigen
Geöffnet: ganzjährig außer donnerstags
und sonntagabends
Preiskategorie: moderat–gehoben

Anfahrt: Von Strasbourg auf der E 25/ A 35 nach Südwesten bis zur Ausfahrt Nr 8. Dort auf die D 84 in Richtung Geispolsheim. Das Restaurant liegt direkt neben der Kirche.

Philippe Schadt ist eine Institution. Das zeigen schon die Fotos im Entree seines Restaurants, auf denen man ihn inmitten von Kohlköpfen bewundern kann, denn er rief u. a. die Elsässische Sauerkrautstraße ins Leben. Ins frische weiße Kochjackett gewandt macht er persönlich die Honneurs, plaudert ausführlich mit seinen Gästen. Seine Küche lässt sich klassisch nennen im besten Sinne, berühmt ist die Foie Gras en Croute, eine rohe Gänseleber im Briocheteig gebacken – eine Reminiszens an des Maîtres früheres Metier, denn ursprünglich lernte Philippe Schadt das Bäckerhandwerk, wie sein Vater und Großvater. Doch schon bald fühlte er sich mehr zu Töpfen als zu Trögen hingezogen und der – als Metzger ausgebildete – Bruder übernahm das Backen. Inzwischen walten an Philippe Schadts Herd zwar hauptsächlich seine drei Eleven, doch die Güte der Speisen hat sich ebenso wenig geändert wie die Größe der Portionen. Sonntagmittags ist in der Regel kein Plätzchen mehr frei in der

Fast wie eine Partitur liest sich die Speisekarte bei Monsieur Philippe

gemütlich-eleganten Erdgeschossstube mit ihren witzigen Deckenmalereien aus dem Pinsel eines örtlichen Künstlers. Einheimische wie Fremde lassen sich an den pastellfarben eingedeckten Tischen sichtlich zufrieden ihre Menü- oder à la carte-Auswahl munden – Presskopf etwa gefolgt von einem Frikassee aus Schweinsbacken und –füßen oder das Choucroute mit verschiedenen Süß- und Meerwasserfischen. Fröhliches Plaudern erfüllt den auch an den Wänden mit Karikaturen geschmückten Raum – Monsieur Philippe zählt viele bekannte Persönlichkeiten zu seinen Freunden, die der Gast in diesen Zeichnungen leicht wiedererkennt. Einer der prominentesten ist sicher Tomi Ungerer, der im Treppenaufgang zum oberen Saal – der sogenannten Hexenstube – mit zahlreichen Werken vertreten ist.

17

Auberge Le Chou'Heim

Karte: E 5
2, rue Clemenceau
67880 Krautergersheim
Tel. 03 88 48 18 10
Kreditkarten: alle gängigen außer
American Express
Geöffnet: Dienstag bis Samstag mittags
und abends; im Winter kein Service
am Samstagmittag, geschlossen von
Weihnachten bis in die erste Januar-
woche.
Preiskategorie: günstig

Anfahrt: Von Strasbourg auf der N 83
nach Süden bis zur Abfahrt Nord-
house/Hindisheim. Von dort 7 km auf
der D 207. Das Gasthaus liegt im
Ortskern an der Hauptstraße, circa
100 m vor der Kirche.

Kleine, gemütliche Stuben hinter einer typischen Fachwerkfassade, ein
herzlicher Empfang und eine durch
und durch bodenständige Küche –
Remy Louis und seine Frau verkör-
pern mit ihrem ›Kruthiesel‹ (so der
französische Name im regionalen
Dialekt) die Tradition des Elsass auf
unverfälschte Weise. Vor allem
abends drängen sich daher Einheimische wie Touristen an den rustikal eingedeckten Tischen um die schlichten
Kachelöfen. Sorgsam und mit vorwiegend althergebrachten, lokalen
Materialien haben die Louis' das Bauernanwesen aus dem 18. Jahrhundert
restauriert, so dass sich der Gast nun
an offenliegendem Eichengebälk, Natursteinwänden, Holzvertäfelungen
und gebrannten Bodenkacheln erfreuen kann. Als zusätzliches optisches
Schmankerl versteht Remy Louis das

von ihm eingerichtete ›Krautmuse-
um‹. Denn wie schon der Ortsname
verrät, liegt die Auberge Le
Chou'Heim inmitten jener Region,
die – seit dem 16. Jahrhundert, so
heißt es – das Grundprodukt für das
berühmte Elsässer ›Choucroute‹ liefert. Selbstverständlich bietet die Familie Louis das im Laufe der vieler
Generationen immer wieder verbes-
serte und auf vielfältige Weise verfei-
nerte Traditionsgericht unter anderem in seiner ›königlichen‹ Variante
an, als Choucroute royale – mit einer
ganzen Palette fleischlicher Zutaten.
Zu dieser Spezialität – oder auch zu
einem Flammenkuchen mit krossem
Speck – findet man auf der Weinkarte eine ganze Reihe unterschiedlicher
Angebote – vom schlichten, offen aus-
geschenkten lokalen Gewächs bis hin
zu den edelsten *crus classés*.

Hinter der Fachwerkfassade erwartet den
Gast regionaltypische Kost

18

A l'Aigle d'Or

Karte: E 6
14, rue de la Gerstheim
67150 Osthouse
Tel. 03 88 98 06 82
Kreditkarten: American Express,
Mastercard, Visa, Eurocard
Geschlossen: Montag, Dienstag sowie
zwischen Weihnachten und Neujahr,
eine Woche im Februar und zwei bis
drei Wochen im August
Preiskategorie: gehoben–teuer

Anfahrt: Von Strasbourg auf der N 83 nach Süden bis Ausfahrt Erstein. Das Restaurant liegt an der Hauptstraße in der Ortsmitte.

Vater, Mutter, Sohn und Schwiegertochter – das Hellmann-Kleeblatt ist ein echter Glücksfall für Osthouse. Aus der Dorfwirtschaft der Eltern machte Madame Hellmann in einem Zeitraum von rund 30 Jahren ein gefragtes Restaurant; Monsieur entwickelte dazu passend eine Weinkarte, die das Herz eines jeden Elsass-Fans höher schlagen lässt und bewirtschaftet einen Bauernhof, der die Küche des ›Goldenen Adlers‹ mit frischem Obst, Gemüse und Kräutern versorgt. Jean-Philippe hat das mütterliche Erbe am Herd übernommen, seine Frau absolvierte die Hotelfachschule. In gediegenem Ambiente mit blinkenden Kupfertöpfen, Bleiglasfenstern und Samtvorhängen genießt der Gast bei den Hellmanns eine opulente, traditionelle Küche. Sie zeichnet sich aus durch exzellente Saucen (wie jene aus Krebsen zum Salat aus Rotbarschfilets), eine Mischung erlesener und regionaltypischer Produkte sowie abwechslungsreiche Desserts.

Gehobene Traditionsküche wird auch im dörflichen Ried stilvoll präsentiert

JPH lernte sein Handwerk u. a. bei Paul Haeberlin in der ›Auberge de l'Ill‹ und erweist diesem seine Ehrerbietung, indem er dessen Lachssoufflée zwischen hausgemachter Gänseleber mit Portweingelee und Kalbsmedaillons in Morchelrahm in das große Menü aufgenommen hat. Auch in Sachen Patisserie arbeitete Hellmann mit den Besten der Zunft – das beweisen der warme Schokoladenkuchen mit flüssigem Innenleben, der Zwetschgenstreusel mit Vanillecreme oder der Bratapfel mit Pistaziensauce und Zimtteeeis. Ein nettes Angebot für all jene, die weder der mehrgängigen Tagesempfehlung folgen wollen, noch sich für Langustinenravioli oder Schweinsfüße mit Grünkohl und Trüffelsauce entscheiden können, ist der schlichte ›Pot au Feu‹: ein Rindfleischgericht mit Meerrettich.

19

Le Pressoir

Karte: D 7
50, route des Vins
67650 Blienschwiller
Tel. 03 88 92 43 01
Kreditkarten: Visa, Eurocard,
Mastercard
Geschlossen: Im Winter Montagabend,
Dienstag und Mittwochmittag, im
Sommer Dienstag und Mittwochmittag
sowie zwei Wochen im Februar und
zwei Wochen Ende Juni/Anfang Juli
Preiskategorie: günstig–moderat

Anfahrt: Von Strasbourg auf der
N 422 bis Epfig, am Ortsende ab-
zweigen nach rechts auf die D 703.
Das Gasthaus liegt an der Hauptstraße mitten im Dorf.

Strasbourg, Colmar, Tessin, Israel,
dann wieder Strasbourg und die
Schweiz – Claude und Marie-Paule
Faulhimmel sind gerne auf Achse.
Dabei hatte das Paar trotz seiner interessanten Arbeitsstationen immer
ein eigenes Restaurant im Sinn. Die
Geburt von Sohn Jean beschleunigte
die Umsetzung dieser Idee ein wenig.
Als die Vorbesitzer des Pressoir 1997
aufgaben, war für die Faulhimmels
klar: diese Winstub wird unsere.

Claude, der ursprünglich Patissier gelernt hat, sich dann an verschiedenen
bekannten Häusern aber auch in die
Kunst der Köche einweihen ließ, bietet dort in schlicht-ländlichem Ambiente nun eine »einfache Küche, aber
mit guten Produkten«. Was bei vielen
ein hohle Phrase ist, kann man diesem
Chef durchaus glauben: sein gesam-
tes Fleisch bezieht er von einem Bio-
bauernhof aus der Nähe von Rhinau,
Fisch gibt es nur in der Einzahl, d. h.
lediglich eine Sorte, so dass nichts
tiefgefroren werden muss. Mal ist es
ein echter Wildlachs, mal ein Zander
– Madame Marie-Paule erläutert dem
Gast gerne, welcher *poisson frais du
marché* gerade angeliefert wurde. Von
dem jeweils einem halben Dutzend
Vor- und Hauptspeisen variieren jeweils zwei nach ›Augenblick‹ – und
man kann sie entweder zu einem
Zwei- oder Dreigang kombinieren.
Natürlich darf man sich die Nachspeisen nicht entgehen lassen: seien es
nun die hausgemachten Profiteroles
mit heißer Schokolade, das Eisparfait
oder die Crème brulée. Wer nichts
übrig hat für Süßspeisen, sollte zum
Abschluss des Mahles das Bauernkä-
sesortiment wählen – oder einen elsässischen Kaffee: mit den wunderbaren Bränden (Mirabelle, Quetsch,
Marc de Gewürztraminer) von Marcel Windholz aus Ribeauvillé.

*Mit schlichtem
Charme besticht auch
die Küche von Jean-
Claude Faulhimmel*

20
Au Fer Rouge

Karte: C/D 9
52, Grand'Rue
68000 Colmar
Tel. 03 89 41 37 24
Kreditkarten: American Express,
Diners, Eurocard, Visa
Geöffnet: täglich außer Sonntag und
Montag 12–14 Uhr und 19.30–22
Uhr, geschlossen eine Woche im
Januar, zwei Wochen Ende Juli/An-
fang August.
Preiskategorie: teuer

Anfahrt: Das Restaurant liegt nur wenige Schritte von der Kathedrale. Parkmöglichkeit: Rue St-Jean, Place Rapp.

Ein gepflegtes Fachwerkhaus aus dem
16. Jahrhundert mit einer schmalen,
hinter viel Grün versteckten, weiß eingedeckten Straßenterrasse im Herzen
der Colmarer Altstadt – Patrick Fulgraffs Domizil signalisiert bereits von
außen, zu welcher Klasse das Restaurant sich zählt. Drinnen harmonieren
auf zwei offenen Ebenen edle blaue
Lehnstühle gut mit honigfarbenen
Boiserien, und geschickt setzten die
Fulgraffs auch die historischen Blei-
glasfenster ins rechte Licht. Tradition,
respektvoll gepaart mit Moderne. Eine Philosophie, der das Speisenange-
bot entspricht – welches die etwas küh-
le Servicebrigade zwischen zwei feinen,
vom Namen des Maître und dem kräftigen Aquarell zweier Hühner gezier-
ten Kartonseiten präsentiert. Tournedos von der Kartoffel mit Ei und Entenleber stehen da bei den warmen
Vorspeisen ebenso zur Wahl wie ein
Trüffel-›Schühchen‹. Ravioli von
Lachs und geräuchertem Aal oder ein

gegrillter Saint Pierre mit Pilzen der
Saison gehören zu den Fischspeziali-
täten des ›Roten Eisens‹; beim Fleisch
verweist das Lammkarree mit Basili-
kumbutter und schwarzem Oliven-
kompott Richtung Mittelmeer, und das
Ochsenfilet vom Grill mit Rotwein-
sauce erinnert an die Kochkünste einer französischen Großmutter. Eine
Kaloriensünde wert ist das Soufflé mit
Grand Marnier, begleitet von Oran-
gensalat und dunklem Schokoladen-
sorbet. Wer es schafft, zwischen *amu-*

Bei vielen Gourmets hat Maître Fulgraff
vom ›Roten Eisen‹ ein solches im Feuer

se bouche und *petit fours* acht verschiedene Gerichte in seinem Magen zu pla-
zieren, dem vereint Patrick Fulgraff
seine Kreationen zu einem wechselnden ›Menu Degustation‹. Es geht aber
auch eine Nummer kleiner mit fünf-
bzw. vierteiligen Speisefolgen. Die
Weinkarte des Fer Rouge entspricht
dem gehobenen Niveau des Hauses.

21

Le Rendez-Vous de Chasse

Karte: C/D 9
7, rue de la Gare (im Hotel Bristol)
68000 Colmar
Tel. 03 89 41 10 10
Kreditkarten: alle gängigen
Geöffnet: täglich 12–15 und 19–22
Uhr, Menüs werden nur bis 21.15 Uhr
serviert
Preiskategorie: gehoben–teuer

Anfahrt: Das Restaurant befindet sich im Hotel Bristol direkt gegenüber dem Bahnhof.

Ein Klassiker im besten Sinne – sowohl von der Ausstattung wie vom Angebot. Wobei Küchenchef Michel Burrus seine ganz eigene Vorstellung hat von der *belle tradition*, also dem schönen Althergebrachten. Inspiriert von den Produkten der Region bietet er seinen Gästen zum Beispiel Gänsestopfleber vom Löffel mit einem pikanten Kirschwassergelee, Zandcrfilet im eigenen Saft, gebratenes Täubchen, begleitet von einem gestürzten Zwiebeltörtchen oder geschmortes Ochsenfilet mit Weißkohl und Meerrettichcreme. Je nach Marktlage schlägt er aber auch ein Lachscarpaccio mit Gurken- und Ingwerstiftchen vor, Kardamomente mit Sellerietörtchen, Kalbsrippe mit Pfifferlingen und hausgemachten Nudeln, Wolfsbarsch in den Aromen von glatter Petersilie und Fenchel oder Pyrenäenlamm mit Bärlauch. Olivenöl spielt eine wichtige Rolle in der – vom Guide Michelin mit einem Stern bedachten – Cuisine des Michel Burrus, gleiches gilt für Elsässer Brände. Berühmt ist etwa der Mousse au Kirsch mit einem ›Eiswürfel‹ von Schatten-

›La belle tradition‹ prägt das Ambiente wie die Küche von Michel Burrus

morellen zum Dessert. Unbedingt probieren sollten Süßmäuler allerdings auch den weichen Schokoladenkuchen mit Mandelmilcheis oder die Aprikosentarte mit Karamelsauce. Dazu passt wunderbar eine der Elsässer Auslesen von der nicht nur mit Gewächsen dieser Region gut sortierten Weinkarte. Eine Auswahl seiner wechselnden Offerten komponiert Burrus übrigens regelmäßig zu drei verschiedenen Menüs, schlicht ›Régional‹, ›Entre Deux‹ oder nach dem Namen des Restaurants benannt, welches selbigem Tribut zollt durch entsprechende Gemälde und eine – etwas überladene – Ausstattung in den Farben des Waldes. Bequeme Polsterstühle mit Armlehnen und gedämpftes Licht lassen fast eine Stimmung aufkommen wie bei einem Mahl nach erfolgreicher Jagd.

22
Auberge de l'Ill

Karte: D 8
2, rue de Collonges-au-Mont-d'Or
68970 Illhaeusern
Tel. 03 89 71 89 00
Kreditkarten: alle gängigen
Geschlossen: montags, dienstags sowie
im Februar
Preiskategorie: teuer

Anfahrt: Von Colmar auf der N 83 nach Norden bis zum Abzweig der D 106. Unter der Brücke nach links halten nach Guémar.

Man mag es kaum glauben angesichts der Überwachungskamera und den unzähligen Fotos im Entree, die Monsieur Haeberlin Senior an der Seite von König(inn)en, Politikern und berühmten Schauspielern zeigen – aber dieses Dreisterne-Restaurant ist noch immer ein Familienbetrieb. Vater und Sohn (inzwischen vor allem letzterer) zeichnen verantwortlich für die Küche, die Schwester managt das Empfangsbüro, vom Onkel, der mit versilbertem Gehstock die Honneurs macht, stammen die meisten Gemälde an den Wänden sowie die Motive auf der Speisekarte – und die Mutter arrangiert nach wie vor eigenhändig den Blumenschmuck. Die gute alte Zeit scheint hier noch nicht eingeholt von der Moderne, wenngleich sich zu den Spezialitäten, welche vor Jahren das Renommé des Hauses begründeten – Trüffel ›unter der Asche‹, Hummer Prinz Wladimir oder der souflierte Lachs – inzwischen auch Kreationen einer jüngeren, international inspirierten Küchenphilosophie gesellen. Die exquisite, im schlichten Stilglas servierte *superposition* von Guacamole, Krebsmousse und geeistem Gazpacho mit Meeresfrüchten gehört zu dieser Riege ebenso wie der Steinbutt auf Erbsenspiegel, aromatisiert mit weißen Sommertrüffeln. Die Portionen sind übrigens nicht gerade klein, trotzdem sollte man unbedingt noch eines der Desserts probieren, den Cappucinomousse etwa, der in einer hübschen Tasse aus Schokolade gereicht und von einem sahnigen Eis aus kandiertem Chicorée begleitet wird. Trotz der hohen gastronomischen Auszeichnung geht es in dieser ›Auberge‹ zu wie in einem ›normalen‹ Restaurant: Cliquen und Familien tafeln fröhlich, der Sommelier gibt freundlich Auskunft auch während des Dekantierens und der Service trägt ab und an mit einem Tellerklappern zum allgemeinen Geräuschpegel bei.

Ein Idyll im Grünen – gekrönt von drei Sternen des Michelin

23
Auberge à l'Illwald

Karte: D 8
Le Schnellenbuhl
67600 Sélestat
Tel. 03 88 85 35 40
Kreditkarten: alle gängigen
Geschlossen: Dienstag und Mittwoch
sowie zwei Wochen Ende Juni/Anfang
Juli und 23. Dezember bis 9. Januar
Preiskategorie: moderat

Anfahrt: Von Sélestat auf der D 424
ca. 10 km nach Südosten bis zum Abzweig von D 708 und D 205.

Schöne Ansichten bietet ›Zum Illwald‹
nicht nur auf dem Teller

Bis zu Beginn der neunziger Jahre war
diese Auberge an der Straßenfront eines Bauernhofes nur ein schlichtes Bistro, in den man seinen Wein trinken
konnte oder seinen Picon-Bière. Dann
übernahm Christian mit seiner Frau
Brigitte den elterlichen Betrieb und
funktionierte ihn um zu einem Restaurant. Die Malereien des bekannten
Künstlers Eckhard Mahler sowohl an
der Fassade wie auch in den Innen-
räumen markieren optisch den Neu-
beginn. Reminiszenzen an den Wild-
reichtum des Illwaldes mit seinen
freilebenden Hirschen und andere ›gastronomische‹ Trompe-l'œil-Motive
sorgen in den beiden Gaststuben zwischen Holzdecke und Wandpaneelen
für exquisites Augenfutter. Regionale
Rustikalität in sorgsamer Ausführung
prägt passend dazu das Speisenange-
bot. Nahezu alle ›Klassiker‹ des Elsass
sind auf der Karte verzeichnet – vom
angemachten Presskopf über die warme Fleischpastete mit Riesling und den
gebackenen Munsterkäse bis hin zum
Choucroute garnie, dem Eisbein mit
Bratkartoffeln, dem geräucherten
Schäufele und dem Baeckeoffe (letzterer muss allerdings vorbestellt werden).
Darüberhinaus stehen Gerichte wie
Salat mit eingelegten Geflügelmägen
oder Entenbrust mit grünem Pfeffer
zur Wahl. Und bei den abendlichen
Vorschlägen von der Schiefertafel finden sich neben der deftigen Fleischnacka mitunter auch Kalbsnierchen in
Champagnersauce oder ein warmer
Salat mit Crevetten. Im Sommer speist
man sehr nett an den Holztischen im
großzügigen offenen Innenhof, in der
kühleren Saison bietet die hintere Stube einen intim-gemütlichen Rahmen
für das günstige Sonntagsmenü, einen
frischen Fisch oder ein Wildgericht.
Dazu kann man sich eine Flasche der
jeweils vier bis fünf Saisonempfehlun-
gen des Hausherrn munden lassen
oder seinen lokalen Favoriten aus der
gut sortierten Weinliste.

24

Jean-Frédéric Edel

Karte: D 7
7, rue des Serruriers
67600 Sélestat
Tel. 03 88 92 86 55
Kreditkarten: American Express, Visa,
Dinners Club, Eurocard.
Geschlossen: Sonntag- und Dienstag-
abend, Mittwoch sowie drei Wochen Ende
Juli/Anfang August und vom 22. De-
zember bis 3./4. Januar
Preiskategorie: gehoben

Anfahrt: Aus Richtung Colmar kom-
mend im Ortszentrum vor der Kreuzung an der Avenue Maréchal Foch
rechts abbiegen.

Man muss fast zweimal hinschauen,
bis man an dem typischen alten Elsässer Haus den Hinweis auf das Restaurant entdeckt. Doch hinter der Türe wird es dann augenfällig – angefangen beim Maître selbst mit seinem
wilden grauen Lockenschopf und den
karierten Hosen über die eigenwillig
gestaltete Karte bis hin zu den kunstvollen farbigen Glastellern, auf denen
die fantasiereichen Kreationen aus
dem Edel'schen Ideenlabor – im tra-
ditionell-eleganten Ambiete eines in-
timen Salons – dargereicht werden.
Vielleicht beginnt der kulinarische
Überraschungstrip mit einer weißen
Tomatenmousse an Karottensauce,
gefolgt von Fleischnacka mit frischen
Nudeln oder Salat mit Gänseleber-
spänen. Zum Hauptgang könnte es
dann gebratene Steinbuttfilets mit
Schnittlauchsauce geben, ein Tauben-
flügelchen an Kastanienhonig oder ein
krosses Kalbsbries mit Porto und
Brotküchlein. Auf dem Dessertteller

leuchtet möglicherweise eine Variati-
on von der Erdbeere: mariniert, als
Eis, als Mousse mit Vanille und als
Törtchen, oder es gibt einen herrlichen pochierten Pfirsich mit Lebkucheneis. So leicht und stimmig ist die
Küche dieses Hauses, dass man auch
nach fünf Gängen keinen schweren
Magen hat – selbst wenn man statt des
›Menu découverte‹ das ›Menu Tradition d'Alsace‹ wählt. Insgesamt bietet
J.-F. Edel, der »Bocuse von Sélestat«,
wie viele den bei Delaveyne in Bougi-
val ausgebildeten, rigorosen und von
seinem Erscheinungsbild fast rabelai-
schen Speisentechniker nennen, sechs
Menüs zu seinem kleinen à la carte-

Nomen est omen bei Monsieur Edel sowohl
für das Auge als auch für den Gaumen

Angebot an, eines davon wird nur auf
der Terrasse des lauschigen Innenhofs
serviert. Folgen Sie aber ruhig auch
mal dem ›Coups de Coeur‹, dem Ta-
gesvorschlag – Sie können sicher sein,
dass auch hier die Eigenwilligkeit des
Chefs und der Respekt, den er den Ei-
genheiten seiner Grundprodukte zollt,
zu einem exquisiten kulinarischen Er-
gebnis führen. Und nehmen Sie sich
Zeit für das Studium der Weinkarte –
sie birgt viele Entdeckungen.

25

Auberge Saint-Martin

Karte: D 7
80, rue de la Liberté
6700 Kintzheim
Tel. 03 88 82 04 78
Kreditkarten: Visa, Carte Bleue
Geschlossen: Dienstag und Mittwoch
sowie zwei Wochen im Februar und
zwei Wochen im Juni/Juli
Preiskategorie: günstig–moderat

Anfahrt: Von Colmar auf der N 83 und A 35 Richtung Norden, links ab auf die D1 Richtung St-Hippolyte, rechts ab auf die D 35 in Richtung Châtenois, das Lokal liegt an der Hauptstraße.

Zu den Schwestern Toussaint fährt man eigentlich nur wegen der *tarte flambée*. Sie sei die beste im Unter-Elsass, heißt es, was daran liegen mag, dass sie über einem Holzfeuer gebacken wird – die Scheite sind im großzügigen Hof des Lokals (der auch als Gästeparkplatz dient) demonstrativ neben der Veranda aufgestapelt. Aber für welche Variante der krossen Teigfladen soll man sich entscheiden – die traditionelle, die gratinierte, die mit Schmand und Gruyère oder vielleicht die mit Lachs? Die berühmten Sterneköche, Politiker, Schauspieler, welche die Toussaints seit mehr als 20 Jahren zu ihren Gästen zählen, und die zahlreichen Zeitschriftenreportagen, die zusammen mit irgendwelchen Erinnerungsfotos von ihnen in einem Stapel neben dem Tresen aufbewahrt werden, geben in dieser Frage auch keine Hilfestellung. »Da nimmt halt einer die traditionelle und der andere die mit Käse« bestimmt resolut eine

der beiden Schwestern. Rau, aber herzlich, so ist der Umgangston in diesem Lokal, und alle werden gleich behandelt, ob Prominenter oder Dorfnachbar. Das Ambiente ist einfach-rustikal, passend zu dem typisch elsässischen Speiseangebot: Bibeleskas, Leberknödel, Beinschinken in Tokayersauce, hausgemachte Gänserleber oder flambierter Munsterkäse. »Wir flambieren alle Jahreszeiten« lautet das Motto der Toussaints, daher gibt es zum Nachtisch im Sommer Erdbeeren mit Pastis flambiert und im Herbst eine *tarte flambée* mit Äpfeln – alles hausgemacht, wie auch die Crème brulée und alle anderen Desserts. Den offenen Wein kredenzen die mit blumigen Rüschenschürzen bekleideten Servicedamen im Steinkrug, jeden Monat kommt dabei ein anderer Winzertropfen aus der Umgebung zum Ausschank.

Im Hof lagert das Geheimnis für die tarte flambée der Schwestern Toussaint

26

Au Rouge de Saint-Hippolyte

Karte: C/D 7
36, route du Vin
68590 Saint-Hippolyte
Tel. 03 89 73 05 58
Kreditkarten: keine
Geöffnet: täglich außer Dienstag (im Sommer nur mittags) und Mittwoch sowie vom 15. November bis 15. März
Preiskategorie: günstig

Anfahrt: Von Colmar auf der N 83 und A 35 Richtung Norden bis zur Ausfahrt St-Hippolyte, links ab auf die D1 nach St-Hippolyte. Das Lokal liegt an der Hauptstraße.

Deftig und familiär geht es zu hinter diesen Fachwerkmauern der Blégers

»Roter von Sankt Pilt – oh wie mild!« In Stein gehauen steht dieser Géneral Séraphin, einem Mitstreiter Karls des Großen, zugeschriebene Spruch über dem Eingang zu dem Fachwerkhaus, das zwar als Restaurant firmiert, aber gemütlichen Winstubencharakter hat mit rotweißen Tischdecken, hellem Holz und einer familiären Atmosphäre. Tatsächlich arbeiten mehrere Generationen und Zweige der örtlichen Winzerfamilie Bléger unter dem Dach der ehemaligen Epicerie: Tochter Christiane zeichnet als gelernte Köchin verantwortlich für das leibliche Wohl der Gäste, Mutter Denise unterstützt den Service, Vater Henri keltert die Ausschankweine. Gewächse anderer Winzer sucht man vergebens im Angebot – abgesehen vom Crémant, den einer der beiden Schwiegersöhne des Hausherrn produziert. In einer kleinen Weinprobe, die die Karte offeriert, kann man vier

verschiedene Achtel der Blégers probieren – darunter natürlich auch einer jenen leichten Rotweine (aus Pinot Noir-Trauben), die St-Hippolyte als einer der wenigen Orte im Elsass ausbaut. Zu den einfachen Rebensäften passen sehr gut die traditionellen, deftigen Gerichte: Winzertarte, Rehpastete oder *jambon en croute*. Viele Besucher kommen aber vor allem wegen des baeckeoffe. Denn bei Christine Koeberle-Bléger wandern tatsächlich drei verschiedene Fleischsorten in den berühmten, vom Arme-Leute-Reste-Essen zum Elsässer Nationalgericht avancierten Kartoffeleintopf. Außerdem kocht sie ihn wirklich über drei Stunden. Und schließlich wählt sie nicht irgendeinen Weißwein als Zugabeflüssigkeit, sondern einen kräftigen Tokayer – natürlich gekeltert aus den Reben des Herrn Papa.

27

Winstub du Sommelier

Karte: C 8
51 Grand Rue
68750 Bergheim
Tel. 03 89 73 69 99
Kreditkarten: alle gängigen
Geschlossen: Dienstagabend und Mitt-
woch, längere Schließzeiten wechselnd,
bitte telefonisch erfragen
Preiskategorie: moderat

Anfahrt: Von Colmar auf der N 83 nach Norden, hinter Guémar links abbiegen auf die D 42. Die Winstub liegt nur wenige Meter hinter dem westlichen Stadttor.

Als noch Monsieur Stoeckel, einst ausgezeichnet mit dem Ehrentitel ›Bester Sommelier Frankreichs‹, die Geschicke dieser Winstub lenkte, kam man hauptsächlich, um die mehr als 20 offenen Weine glasweise zu verkosten. Es gab natürlich auch etwas zu essen, Presskopf etwa, Hering oder ein Choucroute. Im März 2000 hat Herr Stoeckel die Geschäfte an das junge deutsch-elsässische Paar Antje und Patrick Schneider übergeben, und da Patrick ausgebildeter Koch ist (mit Herderfahrung u. a. in Davos), verlagerte sich der Schwerpunkt des Hauses ein wenig. Auch optisch gibt es einige Neuerungen: Der Eingangsbereich wurde transparenter, die Tischzahl im vorderen Gastraum reduziert, außerdem liegen nun Kissen auf den traditionellen Holzstühlen und Leinenservietten neben den Tellern. Auf dem schlicht-schönen Porzellan serviert Madame Antje Einfaches in exzellenter Qualität – denn Patrick Schneider hat nicht nur mit

Emblem und Fassade blieben, doch statt Stoeckel heißt der Patron nun Schneider

Monsieur Stoeckel sämtliche Winzer der Region besucht, um seine Weinkarte zusammenzustellen, sondern sich für die Zutaten seiner Küche bei den Bauern und Herstellern in der Umgebung umgesehen. Nach unermüdlichem Ausprobieren hat er so ›seine‹ Händler und Zulieferer gefunden, sei es für die Foie Gras, das Fleisch und Geflügel oder für das Sauerkraut. Denn dieses blieb, ebenso wie der Presskopf, im Angebot. Hinzu kamen Kreationen wie Ochsenschwanzsalat, Kalbszunge, pochierter Zander in Pinot Noir oder Kaninchenkeule mit Basilikumrahm. Ergänzt wird das Angebot durch jeweils drei wechselnde Tagesgerichte. Auch bei den Desserts gibt es immer wieder ein kleines Plus – so kann etwa im Sommer auf dem Tresen vor dem schönen alten Kachelofen ein Korb mit frischen Kirschen zum Probieren verlocken.

28
Le Haut Ribeaupierre

Karte: C 8
1, route de Bergheim
68150 Ribeauvillé
Tel. 03 89 73 87 63
Kreditkarten: alle gängigen außer
American Express
Geschlossen: Dienstagabend und
Mittwoch sowie im Februar und zehn
Tage Ende Juni/Anfang Juli
Preiskategorie: moderat–gehoben

Anfahrt: Von Colmar auf der N 83 nach Norden bis zur Ausfahrt Illhaeusern. Nach links abbiegen auf die D 106. Das Lokal liegt direkt an der Einfahrt zum historischen Ortskern.

Wer auf Details achtet, erkennt bereits von außen, dass in diesem Fachwerkhaus am Straßenkreuz eines der wohl touristischsten Orte im ganzen

Die stilvolle Terrasse lässt schon Patrick Frenots Küchenniveau ahnen

Elsass etwas geschehen ist. Stilvolle Sonnenschirme, Korbstühle und pastellfarbenes Tischdekor auf der Terrasse, dazu eine Mattglasscheibe mit Initialen im Entree – das deutet nicht unbedingt auf Winstubenatmosphäre und -kost. Tatsächlich regiert im Innern hauptsächlich dezente Art Nouveau-Eleganz. Braungrün, altrosé, bleu und gelb akzentuieren als Stoff- und Wandfarben das dunkle Holz der Flügeltüre zwischen den beiden Salons mit großzügig gestellten Vierertischen. Eine antike Kommode dient als Ablage und Dekantierplatz; das junge Servicepaar ist in klassisches Schwarz-Weiß gekleidet. Denn Maître Patrick Frenot kommt aus einer gediegenen Umgebung: Er war in Evian Chef des besternten Casinorestaurants. Gebürtig aus der Region Haute-Savoie, versucht er nun im Elsass »etwas zu bieten, was man hier sonst nicht unbedingt bekommt«. Munter mixt er die verschiedenen Küchen der Welt, verwendet lokale Produkte ebenso wie exotische. Zum Salat aus rohem Sauerkraut mit krossen roten Zwiebeln und wacholdergeräuchertem Entenfilet gesellen sich z. B. kandierte Tomaten mit weißen Schnecken und Brennesselcreme, bei den Hauptspeisen stehen gebratenes Féra-Filet aus den Alpenseen mit braunen Nudeln und Ochsenfilet in der Tradition des Duché de Savoie neben Bauernpoularde aus dem Tandoori mit indischen Gemüsen oder lackierter Ente mit Kreuzkümmel, Zitrone und Rübenstreifen. Die Portionen sind ordentlich, so dass es oft schwer fällt, nach zwei Gängen noch ein Dessert unterzubringen. Man sollte es dennoch versuchen, denn auch sie bestechen durch Fantasie und exquisite Paarung von Aromen.

29

La Table du Gourmet

Karte: C 8
5, rue de la 1ère Armée,
68340 Riquewihr
Tel. 03 89 49 09 09
Kreditkarten: alle gängigen
Geschlossen: Dienstag und Mittwoch-
mittag sowie vom 6. Januar bis 14.
Februar und am 24./25. Dezember
Preiskategorie: gehoben–teuer

Kräftiges Augenfutter paart Jean-Luc
Brendel mit zarten Blütenaromen

Anfahrt: Von Colmar auf der N 83 nach Norden, nach circa 3 km links auf die D 4, rechts über die D 1 nach Mittelwihr, links auf die D 3 bis zum Stadttor/Rathaus von Riquewihr. Das Restaurant liegt in einer Seitengasse im Ortskern, der für Autos gesperrt ist.

Eigenwillig hat Jean-Luc Brendel das Winzerhaus aus dem 16. Jahrhundert ausgestaltet: knallrot leuchten die Wände, pechschwarz das Gebälk, über dem Tresenbereich schwebt ein Glaswolkenhimmel aus Künstlerinnenhand. Wo der Weinbauer einst seine Gerätschaften lagerte, steht heute ein einzelner runder Tisch; auch die Traubenpresse musste weichen. Überraschend wie das Ambiente des Lokals ist auch Küche – wenngleich die Ehre nicht dem Hausherrn, sondern Michel Bras gebührt. Von dessen frischen, leichten Blumen- und Kräuterkreationen ließ sich der Autodidakt Brendel inspirieren. Jeden Tag wandert der gebürtige Straßburger im Frühjahr und Sommer durch die Hügel seiner Wahlheimat, auf der Suche nach Gräsern, Blättern und wilden Blüten für seine kulinarischen Kompositionen. Die Karte ändert sich ständig – je nachdem, was gerade wächst auf den Wiesen und marktfrisch angeboten wird. Die Palette reicht vom Zanderrücken mit Wacholderzweigen oder Kabeljau auf Parmaschinken mit einer Eisenkrautcreme über Fleischnacka von Meeresfrüchten, begleitet von einem kleinen Kartoffelsalat mit Trüffelöl, Parmesan und Sauerklee bis hin zum Milchlamm mit Bärlauch. Bei den Desserts kommt man im Sommer vielleicht in den Genuss eines Trios von der Orange – mit Sorbet, *marmelade* und einer *cristalline* mit Bittermandelmascarpone – oder eines warmen Rhabarberstreusels. Aber Achtung: Zum Kaffee gibt es nochmals süße Versuchungen; Schokoladetrüffeln z. B. oder ein winziges Töpfchen mit hausgemachter Minzcreme. Die Weinkarte verzeichnet elsässische Gewächse, wirkt jedoch gemessen an der Experimentierfreude des Küchenchefs eher solide.

30
Caveau Morakopf

Karte: C 9
7, rue des Trois Epis
68230 Niedermorschwihr
Tel. 03 89 27 05 10
Kreditkarten: alle europäischen
Geöffnet: täglich außer Sonntag
und Montagmittag 12–14 und
18.30–23 Uhr
Preiskategorie: moderat

Anfahrt: Von Colmar auf der N 83 in nordwestlicher Richtung bis zum Abzweig der N 415 nach Ingersheim. Dort circa 2,5 km der D 11 folgen. Das Lokal liegt am Ortseingang, kurz hinter dem großen Parkplatz.

Der ›Mohrenkopfkeller‹ ist zwar kein Keller, dafür aber wohl die bekannteste Winstub in der Umgebung von Colmar. Hervor ging sie aus der Idee der Winzerfamilie Guidat, eine Verkaufs- bzw. Ausschankmöglichkeit für die eigenen Weine zu schaffen. So wurde 1970 ein kleines Bistro eröffnet, wo man zum offenen Riesling oder Pinot Noir etwas Speck oder Käse bestellen konnte. Inzwischen umfasst der Caveau zwei rustikale Gasträume und einen lauschigen Sommergarten, und zu den Halbliterkrügen mit Edelzwicker, Chasselas, Sylvaner, Muscat, Tokay, Gewurz (die allerdings nicht mehr von Guidatschen Reben stammen, da die Weinberge verkauft wurden) bietet die Küche eine ansehnliche Auswahl traditioneller Elsässer Gerichte: Salat mit Hühnerleber, Feuilleté au Munster, Bibleskäs, ›Wadle‹ mit Meerrettichsauce etc. Zu den Spezialitäten zählen Kutteln in Rieslingsauce, ›Schwina Zingala‹ und

das Winzerfondue (nur auf Bestellung). Damit es den Stammgästen nicht langweilig wird, gibt es nicht nur Tagesempfehlungen für Speis und Trank, sondern alle sechs Monate auch eine komplett neue, stets aber ausschließlich Elsässer Gewächse umfassende Weinkarte. Hausherr Jean-Michel Guidat erklärt dies alles gern und geduldig, ebenso wie den Namen des Etablissements. Er bezieht sich auf eine dunkelhäutige, weibliche Figur im

Im Zeichen der dunklen Schönen servieren die Guidats deftige Winstubenkost

Ortswappen, welches noch aus der Zeit datiert, da Niedermorschwihr zum Besitz der Herren von Ribeauvillé gehörte. Wer die schwarze Schöne aber nun genau war, weiß auch Monsieur Guidat nicht zu sagen. Doch ihr Porträt schmückt das große Fenster zur Straße aufs Trefflichste.

31

Auberge
Winstub du Veilleur

Karte: C 9
12, place Turenne
68230 Turckheim
Tel. 03 89 27 32 22
Kreditkarten: alle gängigen außer
American Express
Geöffnet: täglich außer Dienstag und
Mittwoch (12–15 und 18–22 Uhr), ge-
schlossen 23. Dezember bis ca. 7. Januar
Preiskategorie: moderat

Anfahrt: Von Colmar in westlicher
Richtung auf der N 83 bis Ingersheim, dort abbiegen auf die D 10 nach
Süden bis zum großen Parkplatz zwischen Stadtmauer und Ufer der Fecht.

Mit Charme und Herzlichkeit empfängt Christiane Kretz ihre Gäste nun
schon seit mehr als eineinhalb Jahrzehnten in ihrem Haus gleich neben
der Porte de France, dem wuchtigen
mittelalterlichen Untertor, welches in
das für seinen noch amtierenden
Nachwächter bekannte, historische
Städtchen am Eingang zum Munstertal leitet. Reichlich und liebevoll
hat sie den Gastraum mit Teddy-
bären, Salzteigfiguren, ausgestopften
Hühnern und Gipsgänsen dekoriert;
an der Decke prangt das ganze Jahr
über künstliches Tannengrün, ge-
spickt mit kleinen Lichten, Lebkuchenherzen und Bretzeln. Die Tische
links vom Eingang sind in Winstu-
benmanier rustikal blauweißgrün eingedeckt, rechts vom Bartresen speist
man etwas edler von weißem Tafel-
tuch und kann sich auf bequemen
Wandbänken niederlassen. Die Speisekarte gilt für alle drei Sektionen und
bietet hauptsächlich Deftiges: Choucroute, marinierten Hering, Salade
Vigneronne, Kalbsnieren, Bœuf gros
sel oder Schweinshaxe mit Munsterkäse. Hinzu kommen die *Suggestions
(du jour)*, die Tagesangebote. Auch
hierbei bleibt Madame Kretz ihrer
Liebe zur Hausmannskost treu. Wer
nach den üppigen Portionen noch
Platz hat für ein Dessert, kommt im
Sommer z. B. in den Genuss eines
großen Stücks hausgemachter *tarte*
mit Heidelbeeren aus der Umgebung.
Eine Köstlichkeit, die immer auf der
Karte steht, ist der Eiskougelhopf –
ohne Rosinen, dafür auf einem dop-
pelten Saucenspiegel, bei dem vor allem die Zabaione überzeugt. Die
Weinkarte ist relativ klein, weist aber
edle Gewächse vor allem aus der un-
mittelbaren Nachbarschaft aus wie
z. B Josmeier und Zind-Humbrecht
– denn Christiane Kretz kennt viele
Winzer schon seit der gemeinsamen
Schulzeit.

*Christine Kretz ist
zugleich Motor
und Seele der
›Nachtwächter‹-
Auberge*

32

Caveau d'Eguisheim

Karte: C 9
3, place du Château St-Léon IX
68420 Eguisheim
Tel. 03 89 41 08 89
Kreditkarten: Visa, Eurocard, Master-
card
Geschlossen: Montag und Dienstag so-
wie von Mitte Januar bis Mitte Feb-
ruar und am 24./25. Dezember
Preiskategorie: moderat–gehoben

Anfahrt: Aus Richtung Colmar auf
der N 83 in südlicher Richtung bis zur
Ausfahrt Eguisheim. Das Restaurant
liegt an dem Platz vor der Burg.

Nach erfolgreichen Stationen im Süden Frankreichs ist Jean-Christophe
Perrin zurückgekehrt in die geliebte
Region seiner Kindheit und Jugend.
Um den Neuanfang des ›Caveau‹ auch
optisch zu markieren, erhielt das In-
nere eine neue, mehr elsässische Far-
bigkeit – ein schöner Gelbton im Un-
tergeschoss, der das historische Gebälk
noch besser akzentuiert; Grün auf der
Etage, passend zu dem dort vorherrschenden helleren Holz. In ein Oben
und ein Unten teilt sich auch der Ansatz der Küche: Wer die Holzstufen er-
klimmt, hat sich für das ›Restaurant
gastronomique‹ entschieden; wer auf
der Ebene der Fässer und der historischen Traubenpresse bleibt, kommt in
den Genuss von Perrins *cuisine du mar-*
ché mit ihren Kreationen. Die Karte
des ›Restaurant gastronomique‹ ist be-
wusst klein gehalten und bietet Regionales mit pfiffigem Akzent ebenso wie
raffinierte Reminiszenzen an ferne Gefilde. Wählen Sie zur Vorspeise beispielsweise zwischen Entenleber mit

Tannennadellikör, Karpfenravioli oder
Langustinen nach Tempura-Art; lassen Sie als Hauptgang Aalfilets an Gewürztraminer, gedämpften Zanderrücken an Morteau-Wurst und Rot-
weinsauce oder ein Täubchen mit
Biergemüseragout folgen. Beim Dessert à la carte oder im siebengängigen
Menu du Pape Léon IX locken Köstlichkeiten wie Mirabellen-Baba oder
ein weicher Schokoladenkuchen mit
Fougerolles-Kirschen. Kosten sollten
Sie auch von dem Brot, dass im Caveau
jeden Tag frisch gebacken wird – nach
einem Rezept mit Oliven oder mit

Der ›Keller‹ bietet Regionales ebenso wie
raffinierte Reminiszenzen an ferne Gefilde

neuem Wein. Apropos Wein: Die Karte umfasst beim Weißen ausschließlich
Eguisheimer Kreszenzen; die Winzer
des Ortes, meint Perrin, »haben ja
genügend Qualitätvolles zu bieten«.
Wer Rot bevorzugt, kann aus mehr als
einem Dutzend Offerten verschieden-
ster Herkunft wählen.

La Grangelière

Karte: C 9
59, Rue du Rampart-Sud
68420 Eguisheim
Tel. 03 89 23 00 30
Kreditkarten: Visa, Eurocard, Carte
Bleue
Geschlossen: donnerstags sowie im Win-
ter sonntagabends und Mitte Februar
bis Mitte März
Preiskategorie: gehoben

Anfahrt: Aus Richtung Colmar auf
der N 83 in südlicher Richtung bis zur
Ausfahrt Eguisheim. Das Lokal liegt
nur wenige Schritte von der Porte des
Chevaliers.

Alain Finkbeiner hat bei den Großen
seiner Zunft gelernt, stand am Herd

Hinter der historischen Fassade zaubert
Alain Finkbeiner Südländisches

bei Daguin, Troisgros und Chibois.
Danach leitete er die Küche des Château d'Isenbourg in Rouffach. Karine,
die Tochter des ehemaligen Direktors
dort, ist inzwischen seine Frau – und
verantwortlich für den Service des Restaurants. Es ist untergebracht in der
ersten Etage eines schönen Fachwerk-
hauses. Lediglich acht Tische umfasst
der lichte Hauptraum; an den Wänden
hängen Gemälde mit Stilleben aus
Trauben und Orangen. Fast wie Bilder
wirken auch die Arrangements, in denen Alain Finkbeiner seine auf regionalen Traditionen basierende, in persönlicher Weise verjüngte Küche präsentiert. Vor allem mediterrane
Einflüsse lassen sich deutlich erkennen,
angefangen von der großzügigen Ver-
wendung von Kräutern und Knoblauch bis hin zum oft kräftig pikanten
Charakter der Speisen. Das gilt für die
Mousse de Tomate zum Entree wie für
die Hummerravioli, die in der Saison
als eines der fünf Fischhauptgerichte
auf der Karte stehen. Denn drei bis
viermal jährlich ändert Alain Finkbeiner seine kulinarischen Offerten, lediglich ›Klassiker‹ wie die warme Fois
Gras, das Lammkarree mit Thymian-
jus und kunstvoll getürmtem Kräuter-
Salat-Bouquet oder das Ochsenfilet in
Pinot Noir, begleitet von einem Ar-
tischockenfrikassee, bleiben dem Feinschmecker erhalten. Zu dem à la car-
te-Angebot und den Tagesempfehlungen legt der Herr des Hauses jeweils
noch drei Menüs auf, ein leichtes elsässisches, ein im weitesten Sinne mit-
telmeerisches sowie eines für den
Gourmet – inklusive Aperitif und je einem passenden Glas Wein zu den fünf
Gerichten. Der stammt übrigens
hauptsächlich aus der Umgebung –
schließlich gehören zur Gemeinde
Eguisheim mehr als 30 Winzer.

34
La Poste Kieny

Karte: C 12
7, rue du Général de Gaulle
68400 Riedisheim
Tel. 03 89 44 07 71
Kreditkarten: American Express, Euro-
card, Visa
Geschlossen: Sonntagabend, Montag,
Dienstagmittag sowie zwei Wochen im
Februar und drei Wochen Ende Juli/
Anfang August
Preiskategorie: gehoben–teuer

Anfahrt: Auf der A 36 bis Ausfahrt Mulhouse-Zentrum, dann ca. 1 km der Schnellstraße in Richtung Riedisheim folgen. Das Restaurant liegt in einer Straße, die im Kern von Riedisheim von der D 432 nach Altkirch abzweigt.

Seit mehr als eineinhalb Jahrhunderten ist die Geschichte der einstigen Postkutschenstation vor den Toren von Mulhouse mit jener der Familie Kieny verbunden. Als Nachfolger seines Vaters André führt inzwischen Jean-Marc Kieny in der sechsten Generation die gastronomische Tradition des Hauses weiter. Seine Küche respektiert die Natürlichkeit und Eigenheit regionaler Produkte, paart glücklich die Aromen – Orange und Rosmarin zum Beispiel oder Hummer und Spargel – und wahrt zugleich die Großzügigkeit der elsässischen Kreationen. Probieren Sie als ›Ersten Teller‹ einmal die Sundgauer Schnecken mit Pilzen im krossen Strudel oder die Entenleberterrine im Linsenmantel, begleitet von einem Zimtapfelkompott. Unter den Kreationen aus Fluss, See und Meer finden sich über dem Holzfeuer geräucherte Forellen mit Gurkenmilkshake, ein karamelisierter Saint-Pierre oder Steinbuttschnitzel begleitet von einer Pfeffer-Curry-Creme. Vom Lamm präsentiert Jean-Marc Kieny, der Station gemacht hat bei den Großen seiner Zunft wie Jung, Lameloise, Stucki oder Outhier, die Nüsschen auf einem schlichten Gemüse-Chorizo-Bett, die Perlhuhnbrust paart er mit Vermuth und getrüffelter Artischockenlasagne und zum mit Wacholderbeeren gebratenen Spanferkel gesellt der Maître einen Krauteintopf sowie einen Munstergratin. Bei den Desserts überrascht die kandierte Tomate, gefüllt mit exotischen Früchten, und wer ein Schokoladenfan ist, sollte unbedingt die *déclinaison* um selbige probieren. Steht man vor der – trotz üppigen Blumenschmucks etwas streng und ältlich wirkenden – Fassade der ›Post‹, mag man kaum glauben, welche kulinarische Fantasie in diesen Mauern regiert.

Teamwork für den Gast: ›Post‹-Chef Jean-Marc Kieny mit den Küchenkollegen

35

Le Manoir

Karte: D 12
65, avenue du Général de Gaulle
68170 Rixheim (Mulhouse)
Tel. 03 89 31 88 88
Kreditkarten: alle gängigen
Geöffnet: täglich mittags und abends,
geschlossen am 24. und 25. Dezember
Preiskategorie: gehoben–teuer

Anfahrt: Auf der A 35 aus Richtung
Mulhouse Ausfahrt Rixheim, an der
nächsten Kreuzung rechts, dann nach
der zweiten Ampel links abbiegen.

»Von mütterlicher Seite waren alle ir-
gendwie in Sachen Küche engagiert,
der Urgroßvater war ein Jünger von
Escoffier«. Kein Wunder, dass es auch
den jungen Eric Runser beruflich an
den Herd zog. Von der Pike auf lernte er sein Metier, kochte in Morges
bei Giradet und in zwei Restaurants
im Baseler Land. Mit knapp 30 kehrt
er zurück ins Elsass, um sich hier
selbständig zu machen – möglichst
aber nicht so weit von der Schweizer
Heimat seiner Angetrauten, Michèle,
entfernt. Im Süden von Mulhouse
wird das Paar fündig; eine alte Villa
mit Garten steht zum Verkauf. Hinter der klassizistischen Fassade lassen
die Runsers sie mit ihrem beschränk-
ten Budget elegant-modern restau-
rieren, ziehen oben mit dem Nachwuchs ein und eröffnen unten ihr in
mehrere lichte, vom Farbspiel gelb-
weiß-schwarz geprägte Salons aufge-
teiltes Restaurant. Schon nach einem
halben Jahr krönt ein Michelin-Stern
das Wirken des Hausherrn; außerdem
wird er zum Koch des Jahres erwählt.
Das Erfolgsgeheimnis? Eric Runser
schwört, es sei die Basis. Denn er arbeitet nach dem Motto: nur allerbes-
te Grundprodukte – und zaubert daraus Überraschendes wie eine Crème
de Coco mit Fois Gras und Croutons,
mediterran Angehauchtes wie Rot-
barbenfilet auf einem Gazpacho-Ta-
penade-Coulis mit Auberginenkaviar
oder Klassisches wie ein nach alter Art
gefülltes Elsässer Bauerntäubchen.
Statt Butter verwendet der junge
Shootingstar lieber Olivenöl, die Karte ändert er alle drei Monate, das De-
gustationsmenü alle drei bis vier Tage, das Menu du Marché für den Mit-
tagstisch wiederholt sich so gut wie
nie. Die Mannschaft des Manoir ist
jung, sammelte jedoch bereits Erfah-
rung in besten Häusern und alle arbeiten, so scheint es, nicht nur uner-
müdlich, sondern auch mit Freude.
Was will der Mensch noch mehr?

Eric Runsers edler
Rahmen für seine
mediterran ange-
hauchte Sterneküche

36
Auberge du
Le Cheval Blanc

Karte: C 10
20, route de Rouffach
68250 Westhalten
Tel. 03 89 47 91 96
Kreditkarten: alle gängigen
Geöffnet: täglich außer Sonntagabend,
Montag sowie Dienstagmittag, geschlos-
sen im Februar, zehn Tage Ende Juni/
Anfang Juli sowie am 24., 25. und 26.
Dezember abends
Preiskategorie: gehoben

Anfahrt: Von Colmar auf der N 83
bis Rouffach, am Ortsende rechts halten Richtung Soultzmatt/Westhalten.
In Westhalten liegt das Restaurant auf
der linken Seite der Hauptstraße.

Für Gilbert Koehler gab es niemals einen Zweifel: Seine Wirkungsstätte
würde das Heimatdorf sein, inmitten
der Rebhänge, die die Familie schon
seit Generationen kultivierte. So kehrte er nach Stationen bei Ricordeau und
Taillevent zurück nach Westhalten und
übernahm das kleine Dorfbistro, an
dessen Rückwand der Weinkeller des
Vaters grenzte. Seither pflegt er dort –
unterstützt von seinem Sohn – eine traditionelle, regionale Küche, ausschließlich auf der Basis bester Produkte. Das wohltuend unprätentiöse
›Weiße Pferd‹ gehört heute zu den
konstantesten gastronomischen Restaurants des Elsass. In rustikal-elegan-
tem Dekor, mit dem schlanken weißen
Familienkachelofen in der Ecke und
uraltem Gebälk in der Mitte, serviert
das freundliche Team stimmige Kompositionen ohne überflüssiges Chi-Chi.

Das kann zur Vorspeise eine Terrine
von grünem Spargel mit frischer Kräu-
tersauce sein, ein Entenbrustcarpaccio
à la fleur de sel mit Parmesanziegeln –
und der Klassiker des Hauses: die in
drei Varianten servierte Fois Gras. Bei
den Hauptgerichten sollten Sie das
Wolfsbarschfilet mit Olivenölemulsi-
on, eingelegten Tomaten und Fenchel
probieren, das ›Duwehof‹-Täubchen
mit Zwiebelgemüse oder die im Ofen
geschmorte Pyrenäen-Lammkeule. Als
Alternative zum exquisit bestückten
Käsewagen bietet sich der geschmol-
zene *Fourme d'Albert* mit Ahornsirup
an. Unbedingt Platz lassen sollten Sie
auch für ein Dessert: Unsere Sinfonie
von der Erdbeere (Eis, Püree und
Knuspertörtchen) ließ nochmals den
Gaumen jubeln. Begleiten lässt sich das
Mahl problemlos mit den hauseigenen
Weinen; aber wer mag, findet in dem
Koehlerschen Keller auch ausgewählte Tropfen anderer Regionen.

Wohltuend unprätentiös:
das ›Weiße Pferd‹ in Westhalten

37

Philippe Bohrer

Karte: C 10
1, rue Poincaré
68250 Rouffach
Tel. 03 89 49 62 49
Kreditkarten: alle gängigen
Geöffnet: täglich außer Montag und
Mittwochmittag 12–15 und 19–0.30
Uhr; geschlossen eine Woche im März
sowie vom 24. bis 27. Dezember
Preiskategorie: gehoben–teuer

Anfahrt: Von Mulhouse auf der
D 430 bis Guebwiller, dann über die
N 83 Richtung Colmar bis Ausfahrt
Rouffach-Nord. Das Restaurant liegt
an der Haupteinfahrtstraße in den
Ort.

Bereits um die Jahrhundertwende war
die Poststation am Fuße des Schloss-
hügels ein beliebter Rastpunkt. Rei-
sende und Händler machten hier Station auf ihrem Weg zwischen Strasbourg und Lyon, ließen die Pferde
wechseln und freuten sich auf eine
gute Speise. 1924 kaufte Julien Freu-
denreich das Anwesen; inzwischen
setzen seine Urenkel die Tradition der
Gastlichkeit dort fort. Philippe Bohrer und seine Schwester Jeanine Muller verwandelten das schlichte Gebäudeensemble durch Um- und Aus-
bauten in eine attraktive Adresse für
Feinschmecker und Übernachtungs-
gäste – mit einem kleinen, feinen Hotel, einem Bistro und einem eleganten Restaurant. Letzteres ist die Domaine von Monsieur Philippe. In
edlem Landhausambiente, geprägt
von hellen Boiserien im vorderen Salon und freiliegendem historischen
Gebälk in den beiden rückwärtigen

Räumen, zelebriert er eine leichte,
raffinierte, mitunter kühne Küche,
stets auf der Basis saisonaler Produkte. So finden sich im Sommer auf der
Karte Kompositionen wie Goldbras-
se im Kamillenbad mit Erbsenmaul-
taschen, Entenfilet mit Cassisbeeren
und Selleriepolenta, offene Täub-
chenravioli an Kraut und Wacholder-
jus oder Lammkarree in der Oliven-
kruste. Drei bis fünf wechselnde
Menüs, vom kleinen mittäglichen ›L'-
express‹ über das feinere ›Le Gastro-
nome‹ bis hin zum anspruchsvollen
›Les Agapes‹ und den jeweiligen Mo-
nats- bzw. Sonderkreationen (fünf bis
sieben Gerichte) bieten eine Fülle von
kulinarischen Entdeckungen. Auch
die Weinkarte lässt Kennerherzen
höher schlagen, sie ist eine wahre
Hymne an das Elsass sowie an die besten französischen Crus und offeriert
immer wieder auswählte Kreszenzen
auch glasweise.

Altes Gebälk und eine zeitgenössisch-ele-
gante Küche prägen das ›Bohrer‹

38

Auberge
au Vieux Pressoir

Karte: C 10
Domaine du Bollenberg
68250 Westhalten-Bollenberg
Tel. 03 89 49 60 04
Kreditkarten: Visa, Carte Bleue
Geschlossen: Montag sowie vom 23. bis
27. Dezember und drei Wochen Ende
Januar/Anfang Februar
Preiskategorie: moderat–gehoben

Anfahrt: Von Mulhouse auf der
D 430 bis Guebwiller, dann über die
N 83 Richtung Colmar bis Ausfahrt
Westhalten. Am Stopp geradeaus in
Richtung Bollenberg.

Inmitten von Reben und Wiesen empfängt ›le Bollenberg‹, wie die Einhei-
mischen sagen, den Gast mit einer
Sommerterrasse und verschiedenen
urigen Sälen. Schöne alte Schränke,
Kachelöfen, Zinngeschirr, Kupferwa-
ren, Jagdwaffen und gusseiserne Bild-
platten sorgen für ein gemütliches
Wirtshausambiete, man sitzt unter Balken und auf Holzstühlen mit Herzen-
lehne. Seit 1887 führt die Familie Meyer schon dieses als Jagdtreff bekannt
gewordene Haus; viele Besucher werden mit Handschlag und einem aus-
führlichen Plausch begrüßt. Das Spei-
senangebot entspricht dem elsässischen Interieur – eines der vier Menüs
trägt die Hommage an die Region sogar schon im Titel (Menu Alsace cui-
siné dans la tradition régionale). Nach
einem Gläschen Muscat zum Auftakt
kommt dabei eine hausgemachte Terrine mit Trauben in Essig auf den
Tisch, gefolgt vom ›königlichen Sau-

erkraut‹ nach Art des Bollenberges, einem Munster mit Gewürztraminer-
Confit und zum Dessert einer Mousse au Kirsch. Auch beim fünfgängigen
Gourmetmenü spielt Regionales eine
wichtige Rolle – angefangen bei der
Foie Gras mit Brioche bis hin zu den
entbeinten Schweinsfüßen und den
Obst- bzw. Tresterbränden der Domaine. A la Carte gibt es z. B. einen Ta-
felspitz Fasson ›Maman Meyer‹, einen
köstlichen Ochsenschwanz oder eine
lauwarme Kartoffelterrine mit Entenleber. Der Chef grillt aber auch schon
mal einen Hummer oder bietet Sankt-
Jacobs-Nüsschen an mit weißem
Lauch. Für Dessertfans stehen mehr
als ein Dutzend Kreationen zur Wahl
– vom Grand Marnier Soufflée über
eine warme Apfeltorte bis hin zur Tri-
logie de Crèmes brulées. Wem das immer noch nicht genug ist an Süßem,
der kann die selbst gemachten Mar-
meladen mit nach Hause nehmen.

Im Jagdtreff auf dem Bollenberg regieren
Gemütlichkeit und Tradition

Metzgerstuwa

Karte: C 10
69, rue du Maréchal de Lattre de
Tassigny
68360 Soultz
Tel. 03 89 74 89 77
Kreditkarten: Visa, Carte Bleue
Geschlossen: Samstag, Sonntag, von
Weihnachten bis Neujahr sowie drei
Wochen Ende Juni/Anfang Juli,
Preiskategorie: günstig

Anfahrt: Von Mulhouse auf der D 430
bis Ausfahrt Guebwiller, dann auf der
D 4 bis circa 2 km in westlicher Richtung.

Ob Winzer oder Sternekoch – Metzger Schluraff kennen alle. In voller Lei-
besfülle steht er tagsüber hinter seinem
Wurst- und Fleischtresen, abends indes trifft man ihn in der ›Stube‹ gleich
neben dem Laden, wo seine Ware als
Hausmannskost auf den Teller wandert. Obwohl die ›Metzgerstube‹ sich
über mehrere Etagen zieht, ist es so gut
wie unmöglich, ohne Reservierung einen Platz zu bekommen. Flott sausen
die jungen Servierdamen die offene
Wendeltreppe hinauf und hinab, rasch
hat man die Karte vor der Nase und
auch den Aperitif. Dann muss man sich
entscheiden: Presskopf, *tourte* (eine
Komposition aus Teig und Gehack-
tem), Schweinsfuß, Fleischnacka, Leberknödel, Kassler mit Spätzle, rohes
oder gebackenes Tartar, Kalbshirn,
Nieren, Blutwurst etc. ›Charcuterie‹
ist nun mal die Spezialität des Hauses,
als Alternative gibt es allenfalls ein paar
Schnecken oder geräucherten Lachs.
Die Zubereitung der Speisen ist stets
einfach, die Portionen sind pantagru-

So barock wie das Ladenschild sind die
Fleischesfreuden im Metzgerlokal

elisch – aber manche Gerichte werden
zum Glück auch in der halben Größe
angeboten. Nicht immer ist das Steak
butterzart – doch darüber sehen die
meisten Gäste großzügig hinweg. Zu
Gilbert Schluraff kommt man, um seinen Riesenhunger zu stillen, nicht um
eine perfekte oder gar raffinierte
Küche zu genießen. Man sitzt auch
nicht sehr gemütlich, aber im Sommer
lockt eine kleine Straßenterrasse und
da der Service so schnell ist, sind die
Gäste meist auch rasch fertig, und man
hat vielleicht doch noch eine Chance,
einen Tisch bei Monsieur und Madame Schluraff zu ergattern. Letztere
steht ihrem Gatten, was die Fülle an-
geht, keineswegs nach – und kassiert
mit ihrer üppigen Autorität hinter dem
Tresen im Erdgeschoss.

40
Restaurant de la Gare

Karte: B 11/12
2 rue de Soppe
68116 Guewenheim
Tel. 03 89 82 51 29
Kreditkarten: Visa, Carte Bleue
Geschlossen: Dienstagabend, Mittwoch
sowie 15. Februar bis 1. März und 27.
Juli bis 14. August
Preiskategorie: moderat

Anfahrt: Von Mulhouse auf der A 36 bis zur Ausfahrt Nr. 15, dort etwa 2 km nordwestlich auf der N 466, bis linkerhand die D 466 abzweigt. In der Ortsmitte von Guewenheim links vor dem mit Fassadenmalereien verzierten Haus des Traiteurs Bringel abbiegen auf die D 34 in Richtung Soppe.

Ein schlichter Landgasthof, so will es scheinen, wenn man aus Richtung Guewenheim auf den schattigen Kiesparkplatz rollt und die Treppen hinaufsteigt zur Tür. Knorrige Typen hocken dahinter in einer dunkel getäfelten Stube an Tischen mit großblumigem Überwurf und schlürfen ihr Krügelchen Wein. Ein Nicken genügt, und die junge Frau hinter dem offenen Balkentresen sorgt für Nachschub. So könnte es auch 1874 hier schon zugegangen sein, als die Urgroßeltern von Annick Schaegelen-Seidel das Haus eröffneten. Kommt man freilich aus Richtung Soppe, zeigt das Lokal ein ganz anderes Gesicht: am Rand eines dicht umwachsenen Seerosenteiches tafeln die Gäste in einem flachen Glasanbau, zu dessen Rücken sich ein zweiter, neuer Gebäuderiegel mit Terrasse erstreckt. Mutig wurde so die alte Architektur ergänzt, Traditionelles

mit Modernem verbunden. Gleiches gilt für die Karte: Sie offeriert z. B. Ochsencarpaccio mit Parmesan, Gambarisotto mit Pfifferlingen oder ein Täubchen mit Kohl und Trauben. Und für den althergebrachen ›bon moment‹ gibt es Hasenterrine mit Nüssen, Presskopf in Gelee oder eine Schweinshaxe. Berühmt ist das Restaurant de la Gare aber für seine *friture de carpe*. Immer wieder balanciert der freundliche Service große Platten mit frisch frittierten Karpfenstückchen auf die Tische. Eine zweite Spezialität des Hauses ist sein Keller: die Weinauswahl könnte so manches Sternelokal neidisch machen. Im Unterschied zu diesen hat Patron André den Preis seiner Schätze – darunter anderswo ›Unauffindbares‹ in exzellenten Jahrgängen – indes sehr freundlich kalkuliert.

Die Schatzkammer von Monsieur André lockt Weinkenner nach Guewenheim

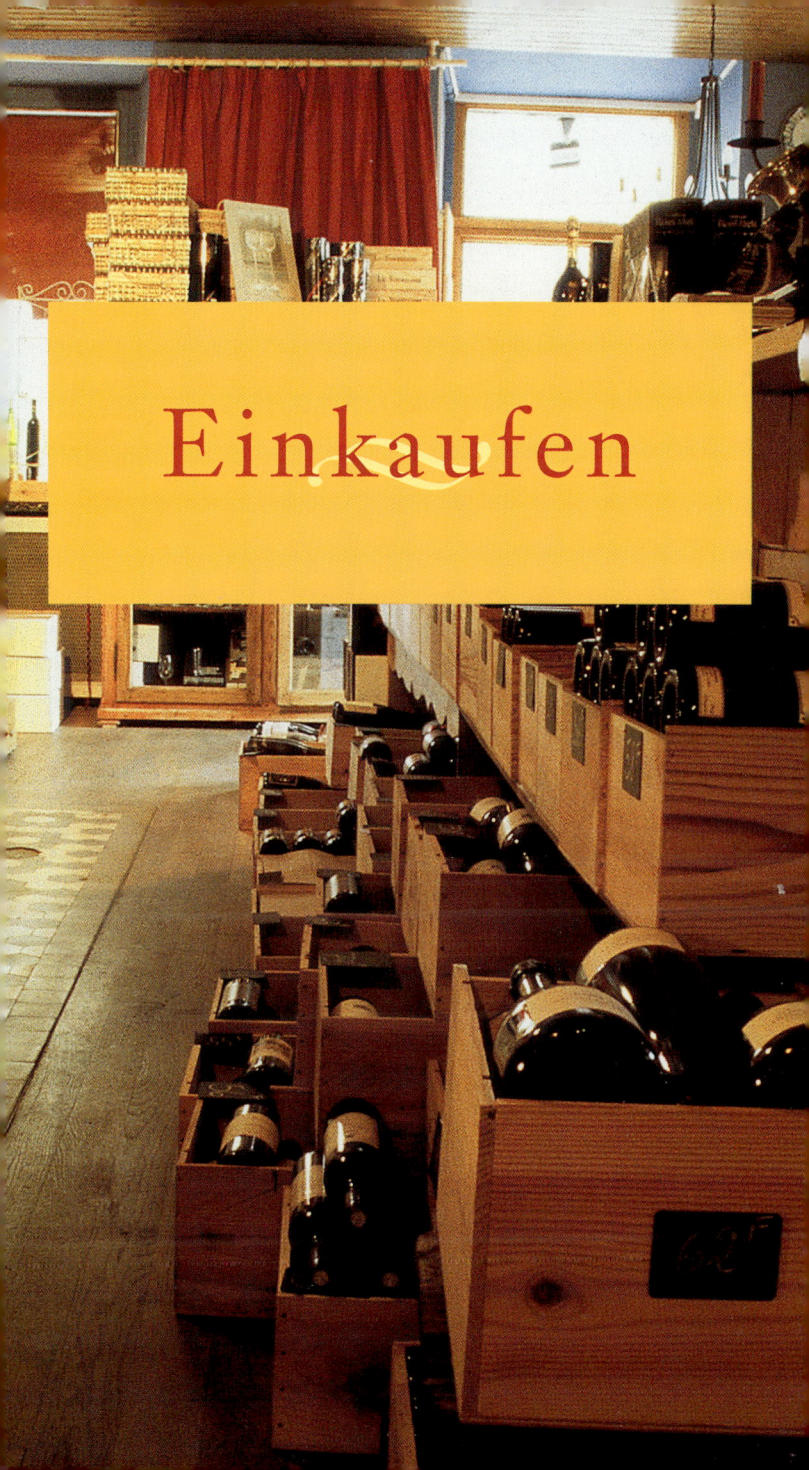

Einkaufen

Einkaufen

Deutlich senkt sich der Kofferraum des Autos, wenn der Genießer sich im Elsass auf dem Heimweg macht. Denn selbstverständlich hat er sich bei Winzern und Schnapsbrennern der reben- und obstreichen Re-

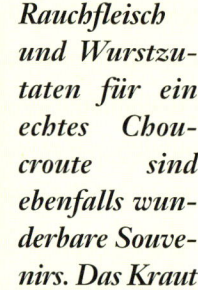

gion mit jenen köstlichen Tropfen eingedeckt, die vorher in langen, von intensiven Gesprächen begleiteten Verkostungen Nase und Gaumen überzeugten. Aber nicht nur die exzellenten Weine und Brände des Elsass lohnen den Einkaufstrip. Ein echter Munsterkäse vom Bauernhof, aus den Tälern von Munster, Guebwiller, Thann, Masevaux, Lapoutroie, Or-

bey und Sainte-Marie-aux-Mines, die exquisiten Enten- und Gänse(leber)spezialitäten und die verschiedenen Rauchfleisch und Wurstzutaten für ein echtes Choucroute sind ebenfalls wunderbare Souvenirs. Das Kraut selbst passt sicherlich auch noch irgendwo zwischen all die Flaschenkisten und Delikatessenkartons. Im Elsass steht zudem eine der letzten Meerrettichfabriken, die nach althergebrachten Methoden produziert, eine Essigspezialität mit Honig und Kräutern ist hier zu Haus, und seit Generationen werden in der Region Lebkuchen hergestellt.

Neben dem Kulinarischen findet sich natürlich Handwerkliches wie die berühmte Keramik aus Soufflenheim und das grau-blaue Steingut aus Betschdorf. Der Ort Muttersholtz und die Region um Sainte-Marie-aux-Mines stehen für handgewebte traditionelle Stoffe, vom Fuße der Vogesen kommt exquisites Kristall in Form filigraner Gläser und Karaffen, und das Hanauer Land ist seit Jahrhunderten die Heimat farbenfroher Holzarbeiten. Viele dieser Erzeugnisse bieten die Geschäfte Strasbourgs feil, auch Colmar und Mulhouse müssen sich mit ihrem diesbezüglichen Angebot nicht verstecken. Reizvoller ist es natürlich, direkt bei den Herstellern zu kaufen.

Zahlreiche Betriebe halten ihre Werkstätten und Ateliers für Besucher offen. So kann man den Töpfern des Outre-Forêt bei ihrer Arbeit ebenso über die Schulter schauen wie den Glasbläsern von Wingen-sur-Moder, einer schon im 15. Jahrhundert existierenden Glashüttengemeinde in den Wäldern der Nordvogesen, aus der u. a. die berühmten Lalique-Objekte kommen. Im Riedörtchen Muttersholtz lädt das bereits seit zweieinhalb Jahrhunderten existierende Atelier Gander ein, die traditionelle Leinweberei und die Herstellung der berühmten elsässischen Kelschs mit ihren unterschiedlich großen und aus verschiedenen Farben komponierten Karomustern zu betrachten. Auch einige Käsebauern erläutern gerne, wie ein Munster, ein Barikas oder ein frischer Chèvre entstehen.

Eine Vielzahl von Märkten präsentiert regelmäßig die Fülle der Elsässer Landwirtschaft. Jener, der jeweils dienstags in Sélestat ausgerich-

Öffnungszeiten

In den Städten sind die Geschäfte von Montag bis Samstag im Allgemeinen von 9 bis 12 und 14 bis 18/19 Uhr geöffnet, sonntags kann man allenfalls beim Bäcker/Konditor (bis mittags) und in den Souvenirläden einkaufen. Märkte enden fast allerorten spätestens um 14 Uhr. Auf dem Lande besteht Samstag und Sonntag häufig die Möglichkeit, in den Bergbauernhöfen *(fermes-auberges)* hausgemachte Produkte zu kaufen. Auch Winzer und Schnapsbrenner halten ihre Tore oft am Wochenende offen. Wer kleinere Weinkeller und Destillerien besichtigen möchte, sollte jedoch vorher besser anrufen und einen Termin ausmachen.

tet wird, zählt zu den ältesten der gesamten Region. Malerisch bunt ist jener von Strasbourg (mittwochs und freitags auf der Place de Broglie), das wohl breiteste Käseangebot findet man dienstags und samstags auf der Place du Marché im Herzen des Städtchens Munster. In der Adventszeit putzt sich Colmar besonders heraus mit seinem Weihnachtsmarkt, aber auch in Munster sowie in den Gemeinden Kaysersberg, Turckheim, Trois-Epis, Ribeauvillé, Riquewihr, Eguisheim, Neuf-Brisach stehen festlich geschmückte Stände mit kulinarischen und kunsthandwerklichen Produkten der Region – angefangen vom duftigen, mit Mandeln und Rosinen gespickten Kougelhopf bis hin zur farbenfroh bemalten Baeckeoffeform.

Culinaria

Delikatessen, Gewürze, Weinhandlungen

Colmar (C/D 9)

La Sommelière
19, place des la Cathédrale
Die besten Winzer des Elsass lassen ihre Erzeugnisse bereits seit Jahren durch Anne-Marie und Marc Tempé verkaufen. Wem also die Zeit fehlt, direkt bei Ostertag, Josmeyer, Kreydenweiss etc. vorbeizuschauen, findet ihre Flaschen im Schatten von Colmars Kathedrale friedlich vereint. Zur exzellenten Auswahl an Gewächsen auch anderer französischer Regionen gesellt sich in dem rustikal gehaltenen Laden ein kleine, aber feine Auswahl an Dingen rund um den Wein – angefangen bei edlen Gläsern und Dekantierkaraffen bis hin zum traditionsreichen silbernen Kellnerbesteck.

Ingwiller (D 2)

Les Epices d'Ingwiller
Rue de la Brasserie
Wacholderbeeren, Sauerkrautgewürz und *carvi*–Kümmel werden hier sorgfältig abgewogen. Das Haus ist in der ganzen Region berühmt.

Itterswiller (D 6)

La Boutique du Potier
98, route des Vins
Das zum Hotel und Restaurant Arnold gehörende Lädchen an der Dorfhauptstraße birst fast an der Fülle des Angebots: Weine, Brände, Foie Gras, Konfitüren, Honig, dazu edle Dinge für den Gourmet und allerlei herrlicher Krimskrams.

Kindwiller (E 2)

Ferme-Auberge La Galipette
27, rue principale
Ziegensalami, hausgemachte Pasteten von der Ziege, vom Schwein oder aus

Geflügel, Ziegenkäse und Ziegenfelle (geöffnet nur sonntags oder wenn sich Gruppen von mindestens sieben Personen zum Essen angemeldet haben).

Lapoutroie (B 8)

Georges Baradel
68–76, rue du Général-Dufieux
Handwerklich Geräuchertes, vom Speck über den Schinken bis zur Wurst, dazu Entenbrust und alles was man für ein Elsässer Choucroute braucht.

Lembach–Obersteinbach (E 1)

Aux Produits du Terroir
14, rue Principale
Richard Constans verkauft in seinem Lädchen nicht nur alle möglichen klassischen Delikatessen des Elsass – Kouglhopf, Speck, Bauernbrot, Cleebourg-Weine – sondern arrangiert auch hübsche Schlemmerkörbe – als Geschenk oder für ein stilvolles Picknick.

TIPP

Rezept Baeckeoffe

Einst ein einfaches Resteessen, das der Dorfbäcker am Waschtag für die Frauen in seinem Ofen garte, gehört der Baeckeoffe heute in der elsässischen Gastronomie neben dem Choucroute zum Aushängeschild eines Lokals. Eines der zahlreiche Rezepte für den deftigen Fleischtopf (5–6 Personen):

500 g Schweineschulter oder -Nacken,
500 g ausgelöste Lamm- oder Hammelschulter,
500 g ausgelöste Ochsenbrust oder -bug,
sowie – je nach Wunsch – Schweinsfüße oder einen Schweineschwanz
1 kg Kartoffeln,
5–6 Karotten,
3 Lauchstangen,
250 g Zwiebel,
2–3 Knoblauchzehen.
$1/2$ l Weißwein (Pinot Blanc, Riesling oder Tokay)

Das Fleisch in Würfel schneiden und mit den Zwiebeln goldbraun anbraten, mit Muskatnuss abschmecken und vom Feuer nehmen. Eine Baeckeoffeform mit einer Schicht Kartoffeln, Karotten, kleingeschnittenen Lauchstücken und den Fleischwürfeln und Zwiebeln auslegen. Thymian, Lorbeer, Knoblauch und zwei Bouillonwürfel dazugeben, mit einer Schicht Kartoffeln und Gemüse abdecken. Wein angießen. Den Deckel aufsetzen und mit einer Mehl-Wasser-Paste fest verschließen. Bei 250 Grad in den Backofen geben, wenn der Garprozess einsetzt, auf 180 Grad reduzieren. Insgesamt bleibt der Baeckeoffe drei Stunden im Backrohr.

Variante: Die Fleischwürfel 24 Stunden in einer Marinade aus Wein, Zwiebel, Knoblauch, Salz, Kräutern 24 Stunden ziehen lassen, dann mit den rohen Kartoffeln, Zwiebeln und Gemüse einschichten, mit Wein begiessen und im geschlossenen Topf bei 200 Grad zweieinhalb Stunden garen.

Tipp

Hoerdter Honigessig

Melflor nennt sich eine Spezialität aus Hoerdt nördlich von Strasbourg. Die karamelfarbene Flüssigkeit vereint Essig, Honig und Pflanzenaufgüsse, wird in Flaschen mit Bienenwabenmuster abgefüllt und eignet sich sowohl für Salatsaucen als auch zum Kochen. Hersteller ist die Societé des Ets Sprenger S.A., 12, rue de l'energie (Tel. 03 88 51 78 77), erhältlich ist das Produkt in Feinkostläden und guten Supermärkten.

Mietesheim (E 2)

Raifalsa
48, rue Principale
Die letzte der einst zahlreichen kleinen, handwerklichen Produktionsstätten des berühmten Elsässer Meerrettichs. Ernest Trautmann bietet ihn weiß an, rot (durch Zugabe von Roten Rüben), naturbelassen, als Remoulade oder Mayonnäse. Verkauf nur auf schriftliche Bestellung (Fax 03 88 90 16 24).

Molsheim (D 5)

L'Ami Sommelier
12, place de l'Hotel de Ville
Noel Panoussian bietet eines der besten Weinsortimente Frankreichs sowie ausgesuchte Delikatessen. Er kreiert Geschenkkörbe und andere Gourmetpräsente.

Obernai (D 6)

Gänsehiesel/La Maison de l'Oie
85, rue du Général Gouraud
Delikates und Dekoratives zum Thema Gans.

Rouffach (C 10)

A l'Eléphant
4, rue de la Poterne
Die Schwester des Ortsmetzgers bietet das Beste aus der Umgebung an: Grands Crus du Clos St-Landelin, Eaux-de-vie d'Isenbourg, Konfitüren von Christine Ferber – und natürlich die Wurstwaren der Familie. Zudem Hansi-Werke und schöne Keramik.

Strasbourg (E/F 5)

La Boutique du Gourmet
11, rue Mercière
Gute Adresse für alle möglichen Delikatessengeschenke: Enten- und Gänseleber von Bruck, Brände von Lehmann, Weine von Trimbach oder Klipfel.

Foie Gras

Epfig (D 6)

Conrad – Foie gras du vignoble
2, route de Nothalten
Gänse- und Entenleber, von Hand bearbeitet, in Pokalen oder luftdichten Verpackungen. Ausserdem Produkte wie Gänserillette, geräucherte Entenbrust, Confit de Canard, Hasenterrine und andere fleischliche Köstlichkeiten.

Gueberschwihr (C 9)

Boutique Canoie
2, rue de Haute
Marcel Metzer, von Haus aus Koch (u. a. bei Robuchon und im Hotel

Tipp

Das Feinste von Ente und Gans

Foie Gras – ob nun von der Gans oder der Ente – ist eine umstrittene Spezialität. Viele Tierschützer hierzulande raten dazu, sie wegen der Mastmethoden der Tiere zu boykottieren. Im Elsass – wie auch im übrigen Frankreich – wird diese Diskussion zwar ansatzweise inzwischen auch geführt. Größtenteils entzünden sich die Gemüter aber eher an der Qualität des Produkts. Feinschmecker verzehren es übrigens vorrangig im Naturzustand, d. h. nur leicht gebraten. Manche Köche im Elsass bereiten die zarte, frische Leber auch nach Art eines Baeckeoffe zu. Was die Pastete in den Dosen und Gläsern anbelangt, so sollte man vorsichtig sein: mitunter wird sie mit Hühner- oder gar Schweinefleisch gemischt.

Bristol in Colmar), bietet alle Arten von Spezialitäten auf der Basis von Gänse- und Entenleber. Probieren Sie seine *canoie* – eine Mischung aus übereinandergeschichteter Gänse– und Entenleber.

Guewenheim (B 11/12)

Chez Bringel

31, rue Principale
Der Familienbetrieb von Bernard Bringel mitten im Ort bietet hinter einer bemerkenswerten Fassade eine reichhaltige Auswahl an Gänse- und Entenleberprodukten und packt auch hübsche Gourmet-Geschenkpäckchen.

La Wantzenau (F 4)

Paul Hirsch

1, rue de l'Ecole
Diesem Geflügelzüchter gebührt die Ehre, die traditionellen Herstellungsmethoden der elsässischen Foie Gras zu wahren. Nach alter Art produziert er außerdem Rillettes, geräucherte Entenbrust, eingelegte Ente *(confits)*. Günstige Erzeugerpreise.

Steige (C 6)

Ferme-Auberge du Grand Pré

13, rue Haute
Alexander Baur hat sich auf Entenprodukte spezialisiert: Terrine, Stopfleber, Pastete.

Strasbourg (E/F 5)

Edouard Artzner

7, rue de la Mésange
1803 gegründet, ist dieses Haus die älteste Produktionsstätte für Foie Gras in Frankreich. Im Hauptladen gibt es nicht nur feine Enten- und Gänseleberpastete im Glas, sondern auch Presskopf von der Gans sowie Weine und Porzellan.

Jean Lutz

5, rue du Chaudron
Foie Gras und Entenleberpastete mit Portwein oder Kräutern.

La Boutique du Foie Gras

6, rue Friesé
Als Scheibe frisch geschnitten, als Terrine oder im Glas: Die Gänse- und Entenleber des Erzeugers Bruck sind die Spezialität des Hauses. Verkauf nur über schriftliche Bestellung.

Käse

Breitenbach (C 6)

Margot und Jean–Martin Kempf
155, Ferme des Saesserlé.
Jegliche Milch dieses Bauernhofes wird direkt auf dem Anwesen zu Käse verarbeitet – ob zu Munster, Bergkäse (Barikas), Tomme oder zu den frischen Spezialitäten wie ›Siasskas‹. Auch die Reifung erfolgt im hofeigenen Kellergewölbe.

Colmar (C/D 9)

Fromagerie St-Nicolas
18, rue St-Nicolas
Sorgfältig wählt Jacky Quesnot seine Ware aus den besten Käsebauern aus – den Munster z. B. bei Patrick Chaize in Basses Huttes oder bei den Modions in Pré Vareth. Probieren Sie auch einmal den Tomme und die Ziegenkäse.

Griesheim (D 5)

›La chèvrerie‹ Benoit Eber
Rue des Puits
Ziegenfarm in der Nähe von Molsheim, die für Gruppen auch Führungen und Verkostungen anbietet. Mehrere Sorten Ziegenkäse, aber auch Würste und Speck.

Lapoutroie (B 8)

La Graine au Lait
333 A, La Croix d'Orbey
Schaukäserei, in der jeden Morgen von 9 bis 12 Uhr die Munsterherstellung verfolgt werden kann. Natürlich gibt es bei Jacques Haxaire auch Möglichkeiten zum Probieren und Kaufen.

Tipp

Echter Munster

Bereits im 7. Jahrhundert, so die Legende, erfanden Mönche in der Abtei von Munster die heute für das ganze Elsass charakteristische, kräftig riechende und schmeckende Käsespezialität. Für ein Pfund echten Munster braucht man etwa fünf Liter Kuhmilch. Die Reifezeit bis zur typischen goldroten Färbung beträgt rund drei Monate. Alle zwei Tage wird der Käserlaib dabei gewaschen und gewendet. Am Ende des Reifeprozesses muss er nachgiebig weich sein. Wie beim Wein gibt es beim Munster übriges inzwischen auch eine Appellation d'Origine Controlée. Munsterkäse mundet nicht nur mit Brot, sondert paart sich auch hervorragend mit Kartoffeln. Eines der diesbezüglichen traditionellen Elsässer Rezepte nennt sich *Munster coiffé* – der Käse wird dafür in feine Scheiben geschnitten und mit Kartoffelscheiben in eine irdene Form geschichtet und anschließend bei kleinem Feuer im Backofen erhitzt.

Lautenbach (B 10)

Ferme-Auberge du Huss
circa 9 km von Markstein, unterhalb der Route des Crêtes, an der Herrenberg-Paßhöhe
Munster, Bargkas (Bergkäse), Butter. Die Käserei kann besichtigt werden (geöffnet nur zwischen Ende Mai und Mitte Oktober).

Muhlbach (C 5)

Jean Meyer
2, chemin de Sendenbach
Zwischen 9.30 und 11 Uhr morgens
sind dem jungen Bauern, der sich auf
die Produktion von Munster und
Tomme spezialisiert hat, neugierige
Gäste stets willkommen.

Mulhouse (C/D 12)

Bouton d'Or
5, place de la Réunion
Jean-Marie Heine kauft bei den besten Käsebauern Frankreichs ein. 170
Rohmilchkäsesorten reifen in seinen
beiden Kellern. Mit Kollege Bernard
Anthony bildet Heine das Starduo der
elsässischen Käsemacher.

Orbey (B 11)

Patrick Chaize
215, Basse Huttes
Dieser Hof produziert einen der besten Munsterkäse des gesamten Elsass.
Auch die geräucherten Wurstwaren
munden trefflich.

Rimbach (B 10)

Ferme-Auberge de la Glashütte
4 km außerhalb von Rimbach
Direktverkauf von Munster, Bergkäse sowie Honig, Marmelade und
Fruchtsäften.

Rosheim (D 5)

Siffert Frères
35, route de Rosenwiller
Die Brüder Siffert gelten als die
›Munsterkönige‹ des Elsass; ihre Spezialitäten sind der ›Hansi‹ mit Marc
de Gewurz und der Mini-Pavé.

Strasbourg (E/F 5)

Fromagerie des Tonneliers
32, rue de Tonneliers
Außer einer ansehnlichen Palette von
Rohmilchkäsen verkauft die Familie
Tourette auch frische Bauernmilch –
und gegenüber kann man in ihrem
Restaurant ›La Cloche au Fromage‹
weitere Käsespezialitäten genießen.

Vieux Gourmet
3, rue des Orfèvres
In modernisiertem Dekor bieten Cy-
rille und Christelle Lorho in dem traditionsreichen Laden eine schöne Auswahl an Reblochon, Cantal, Laguio-
le, Tomme und Bauern-Munster an.

Vieux-Ferrette (C 14)

**Sundgauer Käskaller Bernard
Anthony**
17, rue de la Montagne
Einst belieferte Bernard Anthony nur
die Märkte in der Region, inzwischen
ganz Frankreich mit seinen exzellenten Käsesorten. Die großen Köche des
Landes schwören auf seine Produkte.

Konfitüren, Lebkuchen, Bonbons, Schokolade, Patisserie, Honig

Barr (D 6)

**Maison Forestière du
Welschbruch**
*An der Kreuzung von D 426 und
D 130*
Anita und Francois Thierry verkau-
fen Honig.

Tipp

Kougelhopf und Guglhupf

Aus Österreich soll er stammen und durch Marie-Antoinette nach Frankreich und somit auch ins Elsass gelangt sein. Seine Form, so heißt es, erinnere an die im 14. Jahrhundert modernen Kopfbedeckungen, die sogenannten Gugelhüte. Wie dem auch sei: wer einen echten Elsässer Kougelhopf in einer ebensolchen Form backen möchte, sollte beachten, dass die Form vor ihrem ersten Gebrauch mit Teig zunächst leer, aber gebuttert, für zehn Minuten in das heiße Backrohr muss. Diesen Prozess noch ein zweites Mal wiederholen, dann erst den Teig in die wiederum gebutterte Form einfüllen. Eine Kougelhopf-Form aus Keramik niemals waschen – stets nur mit einem Lappen säubern.

Zutaten:	500 g Mehl
	75 g Zucker
	1 Messerspitze Salz
	100 g Butter
	2 Eier
	150 g Rosinen
	¹⁄₄ l Milch
	20 g Bäckerhefe

(Varianten: die doppelte Menge Butter, 100 g Zucker, nur 50 g Rosinen)

Die Hefe in etwas lauwarmer Milch auflösen, dann nach und nach alle Zutaten hinzugeben. Gut mit den Händen kneten, im Warmen gehen lassen. Den Teig in die gebutterte mit Rosinen (ersatzweise: Mandeln) ausgelegte Form geben. Dort ein zweites Mal gehen lassen. Rund 45 Minuten bei mittlerer Hitze goldgelb backen. Mit Puderzucker bestreuen. (Variante: Statt Mandeln und Rosinen, Speck nehmen und auf das Zuckern verzichten). Wer den Kougelhopf nicht nur zum Frühstück geniessen möchte, kann auch ein gutes Glas Elsässer Wein (Gewürztraminer) dazu trinken.

Colmar (C/D 9)

Jean
Place de l'Ecole
Süßmäuler können hier ihre Gelüste in jeder Form stillen. Ob Petit Fours, Kuchen oder Pralinen – mehr als 100 Jahre Tradition verpflichten. In dem stilvollen Geschäft findet man auch den echten elsässischen *berawecke*, Lebkuchen und Kougelhopf. Außerdem: Zwetschen- und Mirabelleneis sowie herrliche Eistorten.

Fortwenger
32, rue des Marchands
Geschäft des in Guebwiller ansässigen, berühmtesten elsässischen Lebkuchenherstellers. Spezialitäten: ›leckerlis d'Alsace‹, ›les Gertwiller‹, Florentiner, Zungen, Makronen.

Gertwiller (D 6)

Fortwenger
144, route de Strasbourg
Berühmtester Lebkuchenhersteller des Elsass – die kleine Fabrik hinter dem Verkaufsraum kann nach telefo-

nischer Anmeldung besichtigt werden (Tel. 03 88 08 96 06).

Lips
110, place de la Mairie
Lebkuchenherzen, Gewürzmakronen und andere, handwerklich produzierte Leckereien; die Nummer zwei der *artisans du pain d'èpice d'Alsace.*

Mulhouse (C/D 12)

Herboristerie Egloff
19, rue Henriette
Annähernd 100 verschiedene Kräuter und Gewürze, darunter Raritäten wie Brombeerblatt, ›Maisbart‹ und ›Wilde Gedanken‹ findet man in diesem Geschäft mit dem schönen alten Ofen. Die Gläser mit Senfkörnern, Dill, Curry oder Pfeffer sind auch sehr dekorative Geschenke für Koch- und Küchenfreaks.

Niedermorschwihr (C 9)

Christine Ferber
18, rue des Trois-Epis
Mehr als 100 Marmeladevarianten produziert Christine Ferber – angefangen von Großvaters Rezept mit Quitten, Himbeeren und Kirsch bis hin zur Mischung grüne Tomaten mit Vanille. Auslieferung auch per Post (Tel. 03 89 27 05 69, Fax 03 89 27 48 03).

Plainfaing (B 8)

Confiserie des Hautes Voges
Habeaurupt
Sie schmecken und duften intensiv nach Kräutern und Früchten, die echten ›Bonbons des Voges‹. 30 Sorten werden in dem handwerklichen Betrieb noch produziert – wer mag, kann

vor dem Einkauf zuschauen bei dem süßen Geschäft (Mo–Sa 10–12 und 14–18 Uhr).

Ranrupt (C 6)

Confitures du Climont
14, route de Climont
Konfitüren nach alter Art – von Bitterorange bis Zwetschge mit Kamille. Die Früchte werden von Privatpersonen geliefert und nach Traditionsrezepten verarbeitet. Fabrikbesichtigung möglich (Tel. 03 88 97 72 01).

Ferme-Auberge du Promont
an der D 214 in Richtung Champ du Feu
Marlyse und Corinne Schynoll verkaufen hausgemachte Konfitüre, Honig und Milchprodukte.

Strasbourg (E/F 5)

Mireille Oster
14, rue des Dentelles
Fast selbst schon in einem Knusperhäuschen produziert und verkauft Mireille Oster ihre kunstvollen Früchtebrote, ›Engelsbrocken‹, ›Camiesel‹ und Schokoladenlebkuchen.

Wintzfelden (C 10)

Changala
17, rue Principale
Die Fassade des Ladens von Jean-Yves Fays lohnt allein schon den Besuch: so muss das Knusperhäuschen ausgesehen haben im Märchen von Hänsel und Gretel. Aber auch die tollen Torten – ausschließlich aus biologischen Produkten – sind die Anfahrt wert.

Destillateure und Weingüter

Brände

Balbronn (D 4/5)

Hagmeyer
119, rue Principale
Fast zehn Hektar umfasst der Birnengarten von Willy Hagmeier, Grundstock für seine herrliche Poire Williams. Probieren Sie auch den Mirabellenbrand.

Bischoffsheim (D 5)

Lehmann
16, rue du Castel
Yves Lehmann steht für die fünfte Generation von Destillateuren in der Familie. Wie seine Vorfahren ist er geradezu besessen davon, den ›richtigen‹ Geschmack herauszubrennen. Besonders bemerkenswert: Alte Schlehe, Kirsch, Vogelbeere und Quitte.

Châtenois (D7)

Legoll
Route de Villé
René Legoll ist ein Künstler edler Brande, besonders gut gelingen ihm Himbeer, Kirsch, Mirabelle, Williamsbirne, Zwetschge und Schlehe. Kleines Extra: wunderbare hausgemachte Konfitüren, z. B. aus Äpfeln mit Nüssen oder Weihnachtsgewürzen.

Lapoutroie (B 8)

Gilbert Miclo
La Gayire
Sehr konzentrierte Fruchtbrände; z. B. eine superbe Birne und eine leicht parfümierte Himbeere. Außerdem zahlreiche Varianten von Wildbeeren wie Stechpalme, Vogelbeere, Eberesche. Täglich außer Sonntag 8–12 und 13–20 Uhr kann man dem Brennmeister über die Schulter schauen.

Lobsann (F 1)

Jean-Claude Hoeffler
11, route de Lampersloch
Doppelte Destillation ausgewählter Fruchtsorten. Resultate: ein herrliches Birnenwasser sowie beachtliche Brände von der Wildkirsche, Schlehe und Zwetschge.

Mittelwihr (C 8)

Théo Preiss
8, rue du Château
André Thuet destilliert sorgfältig einen anspruchsvollen Marc de Gewurz sowie empfehlenswertes Stechpalmen-, Himbeer- und Zwetschgenwaser.

Ribeauvillé (C 8)

Jean–Paul Gisselbrecht
32, Grand Rue
Inzwischen im Besitz von René Misclaux, dem Gründer des Musée des Eaux-de-Vie in Lapoutroie, aber noch immer eine seriöse Adresse für Kirsch, Marc de Gewurz und Königskerzenbrand.

Gilbert Holl
Route de Sainte-Marie-aux-Mines
Etwa 5 km außerhalb des Ortes destilliert Gilbert Holl hauptsächlich das Obst aus der Gegend, aber auch einige seltene Grundstoffe wie Enzian und Eberesche.

J. P. Metté
9, rue des Tanneurs
Schon vor geraumer Zeit hat Philippe Traber die Destillerie seines Paten, der ihm alle Geheimnisse beibrachte, übernommen. Die mehr als 70 verschiedenen Brände sind weltbekannt. Die Palette reicht von der Wildkirsche

Tipp

Lebenswasser und Likörmuseum

Alle traditionellen Handwerksschritte zur Herstellung eines Obstschnapses zeigt das 1986 in einer alten Poststation eingerichtete Musée des Eaux-de-Vie et des Liquers in Lapoutroie. Außerdem umfasst die Sammlung schöne Karaffen und historische Flaschen, alte Werbeplakate und eine umfangreiche Kollektion von Likören aus den 50er Jahren. Probiert kann natürlich auch werden – allerdings nichts aus der Region. Die edlen Brände, die zur Verkostung kommen, stammen alle aus dem im jurassischen Fougerolles – der Hauptstadt des Kirschwassers – ansässigen Hause von Museumsgründer René Miscault, dem inzwischen auch das Unternehmen Gisselbrecht in Ribeauvillé gehört.

über Linden- und Kamillenblüten bis hin zu Minzblatt, Rhabarber, Melone, Vanille und Kaffee.

Windholz
31, avenue du Général de Gaulle
Berühmt für seine wunderbar parfümierte *Vieille Mirabelle*, ein Meister des Kirsch und Experte für Marc de Gewurz aus der Spätlese. Auch der elegante Marc de Riesling und die Wildhimbeere von Michel Windholz lohnen den Weg.

Uberbach (E 2)

Bertrand

3, rue du Maréchal-Leclerc

Das seit 1874 existierende Haus ist auf jeden Fall einen Umweg wert. Die Früchte aus dem Pays de Hanau – Kirsche, Zwetschge und Mirabelle – werden so vorsichtig behandelt, dass ihr Geschmack herrlich vordergründig ist. Probieren Sie auch Holunder- und Hagebuttenbrand. Täglich außer Samstag und Sonntag 8–12 und 14–18 Uhr für Besucher geöffnet.

Villé und Umgebung (C 7)

M. F. Hubrecht

Au Feu des Bois

6, rue Kuhnenbach, Maisonsgoutte (C 6)

Marie-Francoise stellt einige der besten Brände der Region her, allen voran die Mirabelle, gefolgt vom Marc de Gewurz und einer Birne mit eingeschlossener Frucht. Besucher sind täglich außer an Feiertagen 9–20 Uhr willkommen.

Massenez

Dieffenbach-au-Val (C 7)

Weltweit bekannt und schon seit 1870 in Betrieb. Probieren Sie die im Eichenfass gereifte *Vieille Prune*, den alten Kirsch und das Mirabellenwasser. Besichtigungsmöglichkeit: tägl. außer Samstagnachmittag und Sonntag 8–12 und 13.30 bis 17.30 Uhr.

Meyer

19, rue Principale in Hohwarth (C 7)

Aromenreiche Brände von wilden Himbeeren, Williamsbirne, Zwetschge, Mirabelle sowie Marc de Gewurz, Hagebutte und Stechpalme; dazu die exquisiten mundgeblasenen Flakons von Hausherr Jean-Claude Meyer.

Meyblum

Rue Erlenbach, Albé (C 6)

Jean-Pierre und Gaby Conreaux besitzen die älteste Destillerie der Region. Kosten Sie bei ihnen das exzellente Kirschwasser, den Quittenbrand und das ›Mysterium der Vogesen‹ (Mystère des Voges), einen leckeren Himbeerlikör.

Nussbaumer

23, Grand-Rue, Steige (C 6)

Das schöne alte Fachwerkhaus, in dem Jos Nussbaumer seine Destillierkolben etc. untergebracht hat, könnte fast schon ein Museum sein. Hauptsächlich Brände aus regionalen Früchten wie Kirsch und Birne.

Weingüter

Andlau (D 6)

Domaine Marc Kreydenweiss

12, rue Debarbe

Tel. 03 88 08 95 83

Marc Kreydenweiss ist ein genialer Botschafter des Bioweines, seine Erzeugnisse genießen einen sehr guten Ruf. Er basiert vor allem auf dem Riesling Kellerberg, speziell den Jahrgängen 1985 und 1988.

Bergheim (C 8)

Domaine Sylvie Spielmann

2, Route de Thannenkirch

Tel. 03 89 73 35 95

In unmittelbarer Nähe eines alten Gipssteinbruchs, den die Spielmanns noch bis 1969 ausbeuteten, kultiviert die Familie auch Wein. Tochter Sylvie hat dabei inzwischen das Sagen; sie gilt als Erneuerin, arbeitet mit zeitgenössischen Techniken und führte die Bio-

Tipp

Sonnenglanz und Bodenvielfalt

Die elsässischen Weine zählen zu den besten der Welt. Die Gründe dafür liegen zum einen in dem bis weit in den Herbst hinein sonnenreichen und besonders niederschlagsarmen Klima der Region. Es lässt eine lange Reifezeit der Trauben zu. Außerdem spielt die Verschiedenartigkeit der Böden eine wichtige Rolle. Fast jede elsässische Gemeinde zwischen Strasbourg und Mulhouse hat fünf bis sechs geologische Formationen aufzuweisen. Wie fast überall in Europa pflanzten auch im Elsass die römischen Besatzer die ersten Reben. Im 7. und 8. Jahrhundert n. Chr. wurde die Weinkultur dann von den regionalen Abteien und Klöstern wiederbelebt. Anno 900 gab es bereits 60 Weinbaudörfer. 1975 wurden die *Appelations Grands Crus* eingeführt. Die besten Gewächse, die die Region zu bieten hat – sie machen allerdings nur 3,2 % der Gesamtproduktion (100 Millionen Flaschen pro Jahr) aus. Insgesamt gibt es im Elsass 50 Grands Crus – verteilt auf 47 Gemeinden. Einige hervorragende Weine bringen auch die *lieux dits* hervor; sie sind eigentlich Grands Crus, werden aber aus bestimmten Gründen nicht als solche deklariert. Die Elsässer Weine verdanken ihren Ruf vor allem den Grands Crus und den Spätlesen. Im Unterelsass (Bas Rhin) ist ihr Charakter eher rassig und kräftig, im Oberelsass (Haut Rhin) verhaltener und sehr raffiniert. Neben den Grands Crus umfasst die Palette noch die ›normalen‹ *(sec)*, die *cuvées spéciales* (Sondercuvées), die *vendanges tardives* (Spätlesen, oft V. T. abgekürzt), die *grains nobles* (Beerenauslese) sowie einige wenige *vins de glace* (Eisweine).

kultur in den Spielmannschen Weinbergen ein. Einen Namen gemacht hat sie sich vor allem mit dem Riesling Kanzelberg und Altenberg; inzwischen produziert sie auch einen Pinot Noir nach Burgunderart. Die Degustationsräume liegen auf dem Gelände der Baufirma, welche ein anderer Teil der Spielmannschen Familie betreibt – also keine Weinbergidylle.

Bergholtz (C 10)

Domaine Dirler-Cadé
13, rue d'Issenheim
Tel. 03 89 76 91 00
Jean-Pierre Dirler hat die Geschicke seines kleinen Unternehmens weitgehend in die Hände von Sohn Jean und dessen Ehefrau Ludivine Cadé, einer Winzertochter aus Guebwiller, gelegt. Durch die Heirat wuchs die Domaine auf fast 4 ha an. Die Philosophie des Vaters wird jedoch weitergeführt; er war lange Zeit ein großer Verfechter trockener Weine ohne Restzucker. Die Spezialität des Hauses – das bislang jährlich 60 000 Flaschen produziert – ist der Muscat. Gewonnen aus der Grand Cru-Lage Spiegel zeichnet er sich durch hohe Feinheit aus, ebenso wie der elegante Riesling aus den Grand Cru Lagen Grand Saering et Kessler. Die Spätlesen sind angenehm frisch und lebendig. Hohe Qualität zu akzeptablen Preisen.

153

Tipp

Die Elsässer Rebsorten

Insgesamt neun verschiedene Rebsorten werden im Elsass angebaut: Auxerrois, Chasselas, Gewürztraminer, Knipperle, Muscat, Pinot Blanc, Pinot Gris, Riesling und Sylvaner. Die im Elsass Auxerrois genannte Traube ist weiß, d. h. nicht zu verwechseln mit dem roten Auxerrois de Cahors. Ein elsässischer Auxerrois (auch: Pinot Blanc d'Alsace) eignet sich hervorragend als Aperitif, zu Austern, gegrilltem Fisch und Geflügel. Der in der Region einst weitverbreitete Chasselas (rosa oder weiß), der einen gefälligen Tropfen zum Auftakt eines Essens und/oder gekochtem Fisch ergibt, wird immer mehr vom Pinot Blanc verdrängt. Den im 19. Jahrhundert noch auf einem Viertel des Rebterrains gepflanzten Knipperle, der nur einen mittelmäßigen Wein ergab, kultivieren lediglich noch ein paar Nostalgiker. Die Sorte Gewürztraminer erreicht auf elsässischem Boden eine unvergleichlich Reinheit und Ausdruckskraft. Wegen seines exotischen Charakters liebt dieser Wein ungewöhnliche Vermählungen: er paßt ebenso zu mariniertem Hering wie zu chinesischen Gerichten und Munster oder gar Edelschimmelkäse. Vom Muscat gibt es zwei Varianten: den traditionellen, spätreifenden Muscat d'Alsace und eine früher reifende Sorte, Muscat Ottonel genannt. Ein Muscat bereitet den Gaumen behutsam auf die kommenden Speisen vor – und paßt überdies hervorragend zu Spargel. Der Pinot Gris wird vielfach auch als Tokay d'Alsace bezeichnet, denn er kann prächtige, alkohol- und restzuckerreiche Dessertweine geben. Ein Riesling verträgt sich je nach Alter sowohl mit Schalentieren als auch mit Lachs und Saucenfisch, ob nun Butter oder Olivenöl, Zitrone oder Mayonnäse die Zubereitung bestimmen. Selbst zu frischem oder reifem Ziegenkäse ist ein junger rassiger Riesling ein Genuss. Der oft nach Haselnuss duftende Sylvaner kann problemlos sowohl zu Meeresfrüchten als auch zur Wurstwaren getrunken werden; ist er trocken, eignet er sich auch gut als Aperitif.

Epfig (D 6)

Domaine Ostertag
67, rue Finckwiller
André Ostertag gilt vielen seiner Kollegen und den offizellen Stellen des Weinbaus noch immer als unliebsamer Revoluzzer. Als er anfing, für Riesling und Tokay Eichenfässer zu nutzen (um die Weine dort eine Zeitlang zu lagern), die Weinstöcke rigoros auszuschneiden und eine Vinifikation für jede Rebsorte einzuführen *(Les Vins de Fruit, Les Vins de Pierre, Les Vins de Temps)*, regte sich Unverständnis und Unmut im gesamten Elsass. Inzwischen kann der Nonkonformist auf bemerkenswerte Erfolge verweisen – z. B. bei der unterschätzten Sorte Sylvaner. Wie Kunststücke muten die Ostertagschen Weine an – und als solche werden sie auch präsentiert. Der Riesling Grand Cru Muenchberg der Domaine André Ostertag gilt inzwi-

schen als einer der besten Weißweine der Welt. Jahresproduktion: 75 000 Flaschen.

Kaysersberg (C 8)

Domaine Weinbach, Colette Faller et ses Filles
Clos des Capucins, 25, route du vin
Tel. 03 89 47 13 21
Großzügig und teuflisch verführerisch sind die Weine von Colette Faller; seit ihre beiden Töchter Laurence und Catherine mit in das Unternehmen einstiegen, haben sie zudem an Dichte, Eleganz und Länge gewonnen. Etwa 130 000 Flaschen werden jährlich produziert, ein Teil der Parzellen in Biokultur bearbeitet. Besondere Beachtung verdienen der Grand Cru Altenbourg, eine außergewöhnliche Freude bereiten die Spätlesen von Gewurz und von Pinot Gris. Stilvolles Anwesen mit privaten Salons zur Degustation.

Katzenthal (C 9)

Domaine Jean-Marc Bernhard
21, Grand'Rue
Tel. 03 89 27 05 34
Weinbergbesitzer und Winzer seit dem Jahre 1802 kann sich die Familie Bernhard auf ihre Publikationen schreiben. Inzwischen ist auch Fréderic, der Sohn von Jean-Marc, in das Unternehmen eingestiegen. Die Bernhards besitzen Parzellen in zwei Grand Cru-Lagen: Wineck-Schlossberg und Mambourg-Füstentum. Aus letzterem ging 1996 eine außergewöhnliche Spätlese hervor. Aber auch der 97er Gewürztraminer V. T der Lage kann sich sehen lassen. Außerdem im Sortiment: Cremant und Eau-de-Vie.

Nothalten (D 6)

Domaine Julien Meyer
14, Route du Vin
Tel. 03 88 92 60 15
Bis zu zehn Monaten lässt Patrick Meyer, der nach dem Tod des Vaters nun schon mehr als eineinhalb Jahrzehnte die Domaine leitet, mitunter den Gärprozess dauern. Daraus resultieren feinste Weine mit einer hohen Dichte. Patrick Mayer besitzt Parzellen in gleicher Grand Cru-Lage wie André Ostertag und teilt mit diesem den Drang zu Innovation und Experiment.

Domaine Armand Landmann
74, route du Vin
Tel. 03 88 92 41 12
Vor annähernd zehn Jahren gab Armand Landmann seinen Bankjob auf, um das Familienunternehmen weiterzuführen. Seither ist es ihm gelungen, dem Sylvaner seine Noblesse wiederzugeben. Empfehlenswert: der 1997er Zellberg.

Rorschwihr (C 8)

Domaine Rolly-Gassman
1 und 2, Rue de l'Eglise
Tel. 03 89 73 63 28.
Die Rolly-Gassmanns sind eine Winzerfamilie mit Leidenschaft für fruchtige, süße, außergewöhnlich runde Weine. In ihren *lieux dits* ist die Vielfalt sehr groß. Herzlicher Empfang durch Marie-Thérèse zur Weinprobe im Flaschenlager.

Rouffach (C 10)

Domaine du Clos St-Landelin
Route du vin
Tel. 03 89 78 58 00
Die Kalkböden des Clos St-Landelin

sind sehr anspruchsvoll, die Erträge sehr gering. Insgesamt produziert die Domaine daher nur 90 000 Flaschen pro Jahr. Die Grains Nobles des Clos St-Landelin sind Monumente der Ausgewogenheit und Reinheit. In diesem Sinne besonders beeindruckend: der Grand Cru Vorbourg als Pinot Gris und Gewürztraminer. Die Domaine gehört René Muré, der unter seinem Namen an den sonnigen Hängen von Rouffach weitere 26 ha Weiß und 3 ha Rot bebaut. Die daraus resultierenden Gewächse sind einfacher Natur und sollten rasch getrunken werden. Recht interessant in dieser Palette: die Rieslinge und Gewürztramier sowie der Cremant.

Saint–Hippolyte (C/D 7)

Domaine Ernest Breitel
1, place du Tilleul
Zu Füßen der Haut-Koenigsbourg begann die Familie Breitel 1704 in einer alten Abtei ihre Kellerei einzurichten. Die alten Gewölbe sind bis heute erhalten; einige Gewächse reifen in mehr als 150 Jahre alten Eichenfässern. Ernest Breitel produziert einen exzellenten, außergewöhnlichen Muscat sowie einen bemerkenswerten Pinot Noir.

Soultzmatt (C 10)

Domaine Seppi Landmann
20, rue de la Vallée
Tel. 03 89 47 09 33
Der temperamentvolle, wuchtige, stets zu einem Scherz aufgelegte ›König des Zinnkoepflé‹ entstammt einer Familie, die seit mehr als vier Jahrhunderten das Winzerhandwerk betreibt. Er zögert nicht, große Risiken einzugehen, um die höchstkonzentriertesten Weine des Elsass zu schaffen. Einige seiner Versuche im Eichenfass führten zu hervorragenden Ergebnissen. Die *Grains nobles* von Seppi Landmann schimmern in sonnengoldnem Glanz – man kostet sie wie einen Schatz. Die Cremants von Landmann zählen zu den besten des Elsass. Insgesamt pro-

duziert die Domaine 65 000 Flachen pro Jahr; der Bezug läuft fast ausschließlich über Vorverkauf (d. h. die Weine werden vorbestellt). Für den Kunden halten sich die Preise auf einem angenehmen Niveau.

Turckheim (C 9)

Domaine Zind Humbrecht
4, route de Colmar
Tel. 03 89 27 02 05
Einen warmherzigen Empfang dürfen Sie bei diesem Besten des Elsass nicht erwarten, so hoch wie die Preise sind, trägt man in diesem stets expandierenden und neue Wege beschreitenden Haus auch die Nase. Etwa 170 000 Flaschen werden jährlich produziert. Die Grand Crus Goldert, Hengst und Rangen de Thann als Spätlese von Monsieur Léonard und seinem als Agraringenieur ausgebildeten Sohn Olivier zählen zu den größten Weißweinen der Welt.

Charles Schleret
1–3, route d'Ingersheim
Tel. 03 89 27 06 09
Eine Ingenieursseele wohnt in der Brust von Charles Schlerett; Technik in jeder Form fasziniert ihn. So nimmt es nicht Wunder, dass er vor gut drei Jahrzehnten der erste Kleinwinzer im Elsass war, der für den Gärungsprozess Metallbottiche kaufte. Dank seiner fortschrittlichen Methotik erzielte er Weine mit außergewöhnlicher Aromafrische; mit schöner Regelmäßigkeit heimsen sie internationale Auszeichnungen ein. Der Tokay Pinot Gris 1995 Cuvée Exeptionelle ist flüssiges Gold – noch nach Stunden spürt man ihn im Mund.

Wintzenheim (C 9)

Domaine Josmeyer
76 rue Clémenceau
Tel. 03 89 27 91 90
Die wohl fruchtigsten, modernsten, leichtesten und am besten gastronomischen Erfordernissen angepassten Weine des Elsass. Sehr schöne Reifungseffekte bei den Grands Crus Hengst, sowohl was den Riesling anbelangt, als auch den Gewürztraminer. Jahresproduktion: 325 000 Flaschen, elsässische Künstler gestalten die Etiketten.

Wihr-au-Val (C 9)

Domaine Schoenheitz
1, rue de Walbach
Tel. 03 89 71 03 96
Auf halbem Weg zwischen Colmar und Munster, etwas abseits des Touristenstromes, können Sie bei Henri und Dominique Schoenheitz, beide zugleich Winzer und Önologen, die Weine von den sonnigen Hügeln des St-Grégoire-Tales entdecken. Für seinen Gewürztraminer wurde der Hausherr 1995 zum Winzer des Jahres gekürt; auch der Tokay errang bereits hohe Ehren. Höchst interessant: der Riesling Spätlese 1998 Holder Linsenberg! Hervorragendes Preis-Leistungs-Verhältnis. Im Sommer lädt die Familie Schoenheitz überdies zu Weinbergbegehungen und kostenlosen Kellerführungen mit anschließender Degustation ein.

Alles für das Haus

Barr (D 6)

Le Pot à Crinoline
30, rue des Cigognes
Von schön gravierten Flaschen über die Keramik von Soufflenheim und Betschdorf bis hin zu Weinen und Bränden führt Sylvie Lenz in ihrem Laden gegenüber dem Rathaus alles, was als typisch Elsässisch gilt.

Beinheim/Betschdorf (G 2)

Albert Greiner
2, place de l'Europe
Etwas ausgefallenere Modelle der berühmten graublauen Betschdorfer Salzkeramik. Atelier und Verkauf. Weiteres Geschäft in Betschdorf (Grand'Rue).

Boersch (D 5)

Marqueterie d'Art Spindler
3, cour du Chapitre, Saint-Leonard
E-Mail: marqueterie@spindler.tm.fr
www.spindler.tm.fr

Herrliche Intarsienbilder und -möbel, zum Teil nach Vorlage von Großvater Charles Spindler, der eine der Zentralfiguren der elsässischen Art Nouveau-Bewegung war, können hier in Auftrag gegeben werden. Besonders superb: die Stühle mit Schmetterlingslehne. Die neben der Werkstatt eingerichtete Galerie und das kleine Museum mit Arbeiten aller drei Schindler-Generationen ist Freitags und Samstags 9–12 und 14–18 Uhr geöffnet; ansonsten nach telefonischer Vereinbarung (Tel. 03 88 95 80 17). Jean-Charles Spindler führt gerne durch die Räume und erläutert die Kunst der Holzcollage.

Colmar (C/D 9)

Arts et Collections d'Alsace
1, rue des Tanneurs
Kelsch-Tischdecken, gravierte Karaffen, Bierseidel, Milchtöpfe – alles detailgetreu nach alten Modellen aus dem Museum: ein Spektrum der Elsässer Alltagstraditionen.

Tipp

Elsässer Keramik

Elsässische Keramik, das meint die Steinzeugwaren aus Betschdorf und Soufflenheim. Schon in der Bronzezeit war das Töpferhandwerk in dieser Gegend heimisch, verbrieft ist es seit dem 12. Jahrhundert. Betschdorf und Soufflenheim stellen jedoch zwei gänzlich unterschiedliche Produkte her. Die ›Hafner‹ aus Soufflenheim bearbeiten den am Ort gewonnenen eisenhaltigen Ton und stellen eine in warmen Farben reich dekorierte Irdenware her, die bei 950 Grad gebrannt und mit einer farblosen Lasur überzogen wird. Diese Schalen, Pfannen, Töpfe etc. sind feuerfest, d. h. zum Kochen und Backen geeignet; der sogenannte ›Scherben‹ bleibt porös. Die ›Krugmacher‹ von Betschdorf verwenden den im nahe Haguenauer Forst vorkommenden Ton aus dem Tertiär und stellen damit das wesentlich härtere Steinzeug her. Die auf ihren Scheiben geformten Gefäße aus sinterndem Ton werden bei 1200 Grad gebrannt und damit wasserundurchlässig. Töpfer aus mittelrheinischen Regionen, besonders aus dem Westerwald, brachten dieses im 15. und 16. Jahrhundert entwickelte Herstellungsverfahren ins Elsass. Typische Merkmale des Betschdorfer Steinzeugs: Der ›Scherben‹ ist grau, die Dekoration wird vorwiegend in Blau ausgeführt, beim letzten Brand wird ›gesalzen‹, damit das Stück seine typische farblose und sehr widerstandsfähige Glasur erhält (allerdings wenden immer mehr große Betriebe andere Glasuren an). Das Musée de la Poterie in Betschdorf (2, rue de Kuhlendorf) dokumentiert das traditionelle Herstellungsverfahren und zeigt eine schöne Sammlung historischer Krüge, Kannen und Vasen. In Soufflenheim kann man unterhalb der Kirche am Ölberg eine Nachbildung der von Leonardo Da Vinci umgesetzten Abendmahlsszene mit lebensgroßen Figuren aus dem braunen Soufflenheimer Ton bestaunen.

Terroir & Cépages d'Alsace

15, rue des Marchands
Eine sehr schöne Auswahl an Elsässer Keramik aus Soufflenheim (die Guglhupfformen werden mit Rezept verkauft) und lokalen Weinen.

Léon Meyer

8, place de la Cathédrale
Seit vielen Jahren renommierte Adresse für exquisite Heimtextilien, darunter Tischwäsche aus dem Hause Beauvillé und ausgewählte Bettwäsche sowie handgearbeitete Steppdecken. Die Auswahl, die angebotene

Qualität und der Service des Hauses Meyer gelten als unübertroffen.

Eguisheim (C 9)

Au Château Fleuri

5, place du Château
Eine Fülle elsässischer Souvenirs hat Marie-Paule Bintz in ihrem kleinen Laden liebevoll arrangiert: Keramik aus Soufflenheim und Betschdorf, Blütentischdecken – und eine schöne Auswahl von Gläsern.

Trois Cigognes
45, Grand Rue
Wenn man von den namengebenden Störchen absieht, die auch hier oft als Plüschtiere von einem Ständer baumeln, ein schönes Lädchen voller Geschenkideen. Wer gern dekorative Teller und Platten hat sowie andere Gourmetobjekte, ist bei den ›Drei Störchen‹ an der richtigen Adresse.

Lemberg (D 1)

Maison Berg
Cristal Hotel
Spezialist der Tafelkunst – mit großer Auswahl an Kristall, Porzellan und Silber. Ob Lalique oder Baccarat, Wedgwood oder Meissen, Christofle oder Ercuis, das Haus Berg hat alles.

Montbronn (C 1)

Cristaux d'Art
Joseph Ferstler-Fischer
1, rue du Stade/Ecke rue de l'eglise
Gläser, Karaffen, Leuchter, transparente Tierfigürchen, Spiegel – im Betrieb von Joseph Ferstler-Fischer wird alles noch von Hand gemacht. Mindestens 24 % Bleigehalt weist das verarbeitete Kristall auf, und verkauft wird zu Fabrikpreisen.

Mulhouse (C/D 12)

La Boutique du Musée de l'Impression sur Etoffes
14, rue Jean-Jacques Henner (im EG des Museums)
Botschafterin des Stoffdrucks; berühmt für ihre Reproduktionen historischer Stücke auf Baumwolle: Tischwäsche (Tee- und Kaffeedecken, Servietten) sowie Schals und Halstücher mit traditionellen Motiven.

Muttersholtz (D 7)

Tissage Gander
Rue de l'Etang
Seit Mitte des 19. Jahrhunderts wurde bei den Ganders die Leinweberkunst vom Vater auf den Sohn vererbt. Aus Leinen, Halbleinen und Baumwolle stellen sie die traditionellen Kelsch-Stoffe her. Man kann sie als Meterware kaufen oder schon verarbeitet als Tischwäsche. Auch Stickleinen zählt zum Repertoire, und man kann sich Tafeltücher, Servietten oder Vorhänge nach Maß anfertigen lassen.

La Petite Pierre (C 2)

Bruno Bernard
46, rue Principale
Geschenkboutique im Knusperhäuschenstil mit allen möglichen dekorativen Artikeln, darunter Keramik aus Soufflenheim und schöne Glaskaraffen.

Ribeauvillé (C 8)

Beauvillé
19, route des Sainte-Marie-aux-Mines
Die Nummer eins des Stoffdrucks, mit großer Auswahl an edler Tischwäsche und Möbelstoffen. Hèrmes und andere holen hier ihre Modelle. Die Fabrikboutique vor den Toren des Ortes ist zwar nicht billig, bietet aber auch kleinere ›elsässische‹ Stücke (Geschirrtücher, Tischsets etc.) zum annehmbaren Preis.

Riquewihr (C 8)

Cellier de Riquewihr
28, rue du Général de Gaulle
Madame und Monsieur Heinfling bieten in ihrem edlen Lädchen an der Hauptstraße alles, was zu einem schö-

nen Tisch gehört – von feinsten Gläsern über schöne Decken bis hin zu Porzellan und Elsässer Keramik. Im ›Keller‹ des Hauses (Eingang um die Ecke) findet man auch lokale Weine und andere Souvenirs.

Saverne (C/D3)

Cristallerie Carabin
52, Grand Rue
Sehr schöne, plastisch gestaltete Karaffen, edle Gläser und Krüge. Die Werkstatt liegt nur ein paar Meter weiter.

Soufflenheim (G 2)

Henri Siegfried
10, rue de Hagenau
Töpfermeister, ausgezeichnet mit dem Diplome de l'Exellence Européene. Schöne Kougelhopfformen, Baeckeoffe und Terrinen.

Vincent Pirard – Poterie Süffloum
10, rue de Bischwiller
Aus der Werkstatt von Monsieur Pirard kommt die wohl authentischste Soufflenheimer Keramik – Vasen, Terrinen, Töpfe, Pfannen. Entweder sind die Modelle nach alten Vorbildern gefertigt, oder er hat sie – nach seiner Fasson – ›wiederlebt‹. Das Mitglied der Töpferzunft formt aber nicht nur Geschirr, sondern auch die Tonplatten für Kachelöfen

Strasbourg (E/F 5)

Aux Merveilles de la Cathédrale
9, Place de la Cathérale
Wunder stehen natürlich nicht in den Verkaufsregalen, auch wenn das Namensspiel des Geschäfts ein schönes

ist. Dafür ein reichhaltiges Sortiment von Betschdorf- und Soufflenheim-Keramik, Tisch- und Heimwäsche von Beauvillé und Paule Marrot und allerlei netter Schnickschnack.

La Cour Renaissances
3, rue de l'Ail
Liebhaber alter elsässischer Möbel sind in der St-Thomas-Kirche an der richtigen Adresse: Christine und Bernard Demay verkaufen in ihrem Laden in der Knoblauchgasse herrlich bemalte Bauernschränke und Truhen, die sie in ihrer Bauernhofwerkstatt in Zutzendorf restauriert haben.

Faiencerie de la Petite France
33, rue du Bain-aux-Plantes
Fast eines Museums würdig ist die stilvolle Ansammlung schöner Keramiken, Teller mit Altstraßburger Motiven und anderer dekorativer Dinge. Die Preise lassen allerdings so manchen Kauftraum zerplatzen.

Husser
6–10, rue des Hallebardes
Alles, was man in der Küche als Gourmet so braucht – angefangen von den verschiedensten Messern bis hin zu edlen Gläsern.

Lalique Strasbourg,
25, rue du Drôme
Die berühmte Glaswerkstätte aus Wingen-sur-Moder verkauft hier jeweils ihre jüngsten Kreationen aus der Glasobjektekollektion, aber auch Kristallschmuck, Vasen und dekorierte Teller. Ergänzend findet man Coquet-Porzellan, Parfüm und Art déco-Objekte in dem eleganten Geschäft.

Tipp

Lalique –
vom Jugenstil zur Moderne

Der französische Goldschmied und Glaskünstler René Lalique (1860–1945) gilt als Hauptvertreter des französischen Jugendstils. Seine Entwürfe umfaßte exquisite Schmuckstücke ebenso wie Dekorationsobjekte. Kühn paarte er edle Materialien mit ›billigen‹ wie Glassteinen und -paste. Auf der Insel Jersey gestaltete er für eine Kirche sogar einen Lettner ganz aus Glas. Inzwischen kommt aus dem Hause Lalique hauptsächlich Figürliches sowie zeitgenössisches Dekoratives für die Wohnung und den Tisch.

La Maison du Cochon Lait
Place du Marché-aux-Cochons-de-Lait
Das historische Haus am Ferkelmarktplatz birgt eine schöne Palette der im 17. Jahrhundert als absolutes *must* begehrten, inzwischen bereits zu Museumsehren gelangten Hannong-Faiencen.

Nappes d'Alsace
6, rue Mercière
Einige der schönsten Beispiele für Tischwäsche aus dem Elsass; es gibt Modelle von Gander in Muttersholtz (besonders schön: die Kelschs im traditionellen Karo) und Beauvillé in Ribeauvillé.

Vitrines d'Alsace
18, Place de la Cathédrale
Ein wahrhaft kunstvoll arrangiertes Schaufenster der Region: sowohl die berühmten Holzcollagen aus dem Atelier Spindler in St-Leonard als auch Karaffen und Gläser aus Hartzwiller und das bekannte ›Hansi‹-Service von Villeroy und Boch sind hier zu haben.

Turckheim (C 9)

Staub
2, rue St-Gilles
In der ›Cocotte Staub‹ garen viele elsässische (Sterne-)Köche. Die hübschen gußeisernen Töpfe, in denen die Gerichte auch serviert werden, sind im Fabrikladen des Unternehmens in allen möglichen Varianten zu haben (tägl. außer Sonntag 10–13 und 14–19 Uhr, Montagmorgen bis 12 Uhr, Samstagnachmittag bis 18.30 Uhr).

Wingen-sur-Moder (D 2)

Cristallerie Lalique
5, Quartier Lalique
Wiege der berühmten Kristallwaren, die die Herzen von Jugendstil- und Art déco-Liebhabern höher schlagen ließen (und lassen). Inzwischen gibt es jedoch viele zeitgenössische Modelle in der Palette der Vasen, Flakons etc. Nach Voranmeldung kann das Unternehmen auch besichtigt werden (Tel. 038 88 09 72 21).

Kulinarischer Sprachführer

ache odorante	Liebstöckel
agneau	Lamm
agrumes	Zitrusfrüchte
aiguillettes de canard	filetierte Entenbrust
allumettes	Streichholzkartoffeln
andouillette à la Strasbourgeoise	Schweins(brat)wurst auf Sauerkraut
amuse bouche	wörtl.: Gaumenkitzler, kostenloser kleiner Gruß aus der Küche
anguille	Aal (kleine, dünne Rheinaale)
asperges	Spargel
assiette de crudités	Rohkostteller
assiette gourmande de l'auberge, de la maison	Gourmetteller nach Art des Hauses
assiette de charcuterie	Wurstteller
arête	Fischgräte
airelle	Preiselbeere
aveline	Haselnuss
badiane	Sternanis
Baeckeoffe	Fleischtopf mit Weißwein, Kartoffeln und Gemüse
ballotine	Roulade
bar	Wolfsbarsch, Seebarsch
barbue	(Stein)Butt
bécasse	Waldschnepfe
beignets	Krapfen
berawecka/ bireawecka	Früchtebrot
betteraves	Rote Rüben, Rote Beete
Bibeleskas	Quark mit Knoblauch, Schnittlauch und Zwiebeln
blanquette de veau	Kalbsfrikassee
boisson	Getränk
bouchée à la reine	Königinnenpastete (mit Huhn)
bouchon	Flaschenkorken
bouchonné	Korkgeschmack (beim Wein)
bœuf gros sel	Rindfleisch mit grobem Salz
biche	Hirschkuh
bien cuit	gut durchgebraten

bière pression	Bier vom Fass
boudin (noir)	Blutwurst
bourgon de sapin	Tannenknospe (als Schnapsart)
braisé	geschmort
brioche	süßes Hefebrötchen
brochet	Hecht
café alsacien	Kaffee mit Schnaps
caille	Wachtel
caneton	junge Ente
cannelle	Zimt
Carola	Mineralwasser aus dem Elsass
carpe frite	frittierter, gebackener Karpfen
carré de...	... Rücken
carrelet	Scholle
cassolette	Töpfchen, Pfännchen
cave	Keller
cèpes	Steinpilze
chanterelles	Pifferlinge
châtaigne	Kastanie
chaud froid de....	Gelatine von..., Sülze
chèvre	Ziege, Ziegenkäse
chevreuil	Reh
chou	Kohl
chou blanc	Weißkohl
chou rouge	Rotkohl
choucroute garnie	Sauerkraut mit verschiedenen Fleischsorten und Würsten
chou-fleur	Blumenkohl
ciboulette	Schnittlauch
citronnelle	Zitronenkraut
civet de biche	Rehpfeffer
clous de girofles	Gewürznelken
cochon de lait	(Span)Ferkel
cocotte	feuerfester Topf
coing	Quitte
col-vert	Wildente
concombre	Salatgurke
confit de ...	eingekochte und -geweckte Geflügelteile
consommé	klare Brühe
coq au riesling	Hahn in Rieslingsauce
cornichons	Gewürzgurken
côte	Rippchen, Kotelette
côtes salées	Kasseler Rippchen
coupe de glace	Eisbecher

couvert	Gedeck (im Restaurant)
couteau	Messer
crème chantilly	Schlagsahne
crêpes	dünne Pfannkuchen
crevettes	Garnelen
croustillant	kross
croustillant de Munster	gebackener Munsterkäse
croûte	Kruste
crustacés	Meeresfrüchte
cuillière	Löffel
cuisses de grenouille	Froschschenkel
cuisse de lapin	Kaninchenkeule
cuisse de canard	Entenschlegel
cure dent	Zahnstocher
daube	Schmorbraten
daurade	Goldbrasse
dent-de-lion	Löwenzahn
dessert	Nachtisch
dinde	Truthahn, Puter
doux, douce	süß
dur, dure	hart, zäh
eau de vie	Schnaps, Obst- oder Tresterbrand
eau gazeuse	Mineralwasser mit Kohlensäure
eau petillante	Mineralwasser mit Kohlensäure
eau plate	Mineralwasser ohne Kohlensäure, Leitungswasser im Krug
écrevisse	Flusskrebs
églantine	Hagebutte
en croûte	im Teigmantel
empéreur	Kaiserfisch
épaule	Schulter
éperlan	Stint (eine Fischart)
épinards	Spinat
escargots	Schnecken
escalope	Schnitzel
escalope de saumon	Lachsschnitte (unpaniert)
escalope de volaille	Hühnerschnitzel (unpaniert)
esturgeon	Stör
faim	Hunger
faisan	Fasan
farandole de ...	Variation von..., verschiedene Arten von...
farci, farcie	gefüllt

farine	Mehl
feuilleté de…	Blätterteigpastete (sowohl deftig als auch süß gefüllt)
fenouil	Fenchel
feuille de laurier	Lorbeerblatt
fèves	Saubohnen
fleur de bouillon blanc	Königskerzenblüte (als Schnaps)
foie gras	Stopfleber
fondant de gigot d'agneau	geschmorte Lammkeule
fourchette	Gabel
fourneau	Herd, Ofen
Fleischnacka	Teig->schnecke< mit Hackfleisch (oder anderen Füllungen)
Fleischkiechle	Hackfleischbällchen
Flammekuche	dünner, knuspriger Teigfladen mit Speck und Crème Fraîche
fraises	Erdbeeren
framboises	Himbeeren
fressure	Gekröse, Innereien
fromage	Käse
fromage blanc	Weißkäse, Quark
fromage à la pie	Frischkäse
fruits	Früchte, Obst
fruits séchés	Backobst, Trockenfrüchte
fumé(e)	geräuchert
garçon	Kellner
gâteau	Kuchen
gazeuse	mit Kohlensäure (beim Mineralwasser)
gelée	Aspik (z. B. mit Tokay-Geschmack zur Foie Gras)
gelinotte	Haselhuhn
gentiane	Enzian
gibier	Wild
gigue de biche	Rehkeule
gigot de gibier	Wildkeule
gingembre	Ingwer
glacé, glacée	gefroren
glace	Eis
girolles	Morcheln, Pfifferlinge
griotte	Schattenmorelle
goût	Geschmack
goûter	probieren
goutte	Tropfen
graisse	Fett

gras, grasse	fett
gratin	Auflauf
grive	Krammetsvogel
groseilles rouges	Johannisbeere
groseilles à maquereau	Stachelbeeren
groseilles vertes	Stachelbeeren
Grumbeere	Kartoffeln
Grumbeerekiechle, -kuechle	Kartoffelplätzchen, -puffer
haricot vert	grüne Bohnen
herbes, herbettes	Kräuter
homard	Hummer
houblon	Hopfen
huîtres	Muscheln
huile	Öl
indigestion	Magenverstimmung
infusion	Kräutertee (wörtl.: Aufguss)
intestins	Eingeweide
jarret de porc	Beinfleisch (vom Schwein), Eisbein
jambonneau	Schweinshaxe (Schenkel)
joues de porc	Schweinebacken
joue de bœuf	Rinderbacken
jus	Saft (sowohl von Obst als auch von Fleisch)
Knepfla	Klöße
laitue	Kopfsalat
langouste	Languste
langoustines	kleine Langustinos
langue de veau	Kalbszunge
lapereau	Kaninchen
lapin	Kaninchen
lard	Speck
lardons	Speckwürfel
Lawerknepfle	Leberknödel
légumes	Gemüse
lentilles	Linsen
levure	Hefe
lieu jaune	Dorsch
lièvre	Hase
lotte	Seeteufel
loup de mer	Wolfsbarsch

maquereau	Makrele
marcassin	Frischling
matelote	Flussfischragout
magret d'oie, de canard	Gänse bzw. Entenbrust
meerrädie	Meerrettich
meringue	Baiser
miel	Honig
mijotée d'escargots	langsam gekochtes Schneckengericht
mijoter	köcheln, langsam schmoren
moelleux au chocolat	warmer Schokoladenkuchen mit flüssiger Schokolade als Füllung
morilles	Morcheln
moutarde	Senf
mouton	Hammel
mousse	Schaum
mûre, mûron	Brombeere
navets	Rüb(ch)en
noisette de chevreuil	Rehfilet, Rehnüsschen
noix de St-Jacques	Jakobsmuschel-Nüsschen
omble chevalier	Felche, Renke
oignon	Zwiebel
orge	Gerste
orge perlé	Graupen
ortie	Brennessel
oseille	Sauerampfer
os	Knochen
pain d'épice	Lebkuchen
palais	Gaumen
paleron de bœuf	Rinderbug
panaché	Bier mit Limonade gemischt oder : Variationen von ...
parmentière	Kartoffelterrine
pastèque	Wassermelone
pâté vigneron	Pastete aus mariniertem Fleisch in der Teigkruste
pavé	Fleischstück (wörtl. Pflasterstein)
pavot	Mohn
pêche de vigne	Weinbergpfirsich
petits fours	Kleingebäck
petits pois	Erbsen
pigeon	Taube
pied de porc	Schweinsfuß
piment doux	Paprikaschote

pintade	Perlhuhn
pomme rôti	Bratapfel
poireaux	Lauch
poisson	Fisch
poissons d'eau douce	Süßwasserfische
porc rôti salé	Kassler
pot au feu	gekochtes Rindfleisch/Tafelspitz (serviert mit Meerrettich)
potage	(Gemüse)Suppe
potiron	Kürbis
poussin	Küken
préparé par nos soins	hausgemacht
Presskopf	Schweinskopfsülze. Es gibt auch Presskopf mit feineren Zutaten
prune	Pflaume
pruneau	Backpflaume
prunelle	Schlehe
quenelles à la moëlle de bœuf	Rindermarkklößchen
quenelles de pommes de terre	Kartoffelklöße
quetsch	Zwetschge(nwasser)
quiche lorraine	Speckkuchen
raifort	Meerrettich
raisins	Weintrauben
raisins secs	Rosinen
raviole	gefüllte Nudelteigtasche, Maultasche
ris de veau	Kalbsbries
rognons à l'alsacienne	Nieren in Senfsauce
rouget	Rotbarbe
saignant, saignante	blutig (Angabe, wie das Fleisch gebraten sein soll)
sanglier	Wildschwein
salade vigneronne	Wurst- und Käsesalat
salade de queue de bœuf	Ochsenschwanzsalat
sandre	Zander
sauge	Salbei
saumon soufflé	Lachsauflauf
sauvage	wild
Schiffala, Schieffele	Schweineschulter
Schniederspaet(z)le	Maultaschen
Schwiina Zingala	Schweinszunge
selle	Rücken
semoule	Grieß
sole	Seezunge

sorbet arrosé	wörtl.: begossenes Sorbet (mit Schnaps oder Likör)
Sorbier des Oiseleurs	Vogelbeere
St-Pierre	Sankt Peters-Fisch
Streussel	gratinierte Obsttorte (auch: gratinierte Teigtasche mit deftiger Füllung)
suggestion du jour	Tagesgericht, -vorschlag
suprême de volaille	Geflügelbrust, Hühnerbrust
suprême de pigeonneau	Taubenbrüstchen
sureau	Holunder
Sürlawerla	gehackte Leber
Süri Nierli	saure Nieren
Süre Riewe	saure Rüben
tarte flambée	siehe Flammekuche
tarte(lette) à l'oignon	Zwiebelkuchen, -küchlein
tête de veau	Kalbskopf (-pastete)
tiède	lauwarm
tilleul	Linde(nblüte)
tourte de vigneron	(warme) Winzerpastete
tranche	Schnitte
tripes	Kutteln
turbot	Steinbutt
velouté de...	Rahmsuppe
venaison	Wild
vendange tardive (v.t.)	Spätlese
verveine	Eisenkraut
viande	Fleisch
vinaigre	Essig
vin mousseux	Schaumwein
volaille	Geflügel
Wadle, Wädele	Eisbein

Tipps und Adressen

Golfplätze

Golf de Strasbourg
Route du Rhin Illkirch-Graffenstaden
Tel. 03 88 66 17 22, Fax 03 88 65 05 67
27 Löcher, Clubmitgliedschaft und Handicap unter 35 außer an Wochenenden, in der Hochsaison und zu Wettbewerben.

Golf du Kempferhof
351, rue du Moulin, Plobsheim
Tel. 03 88 98 72 72, Fax 03 88 98 74 76
18 Löcher, an Wochentagen Handicap unter 35, an Wochenenden unter 30.

Golf de la Wantzenau
La Wantzenau
Tel. 03 88 96 37 73, Fax 03 88 96 34 71
18 Löcher und eine Kurzbahn (4 Löcher), an Wochentagen Handicap unter 35, an Wochenenden unter 30, für Damen unter 32.

Golf International de Soufflenheim Baden–Baden
Allée du Golf, Soufflenheim
Tel. 03 88 05 77 00, Fax 03 88 05 77 01
Kurzbahn (6 Löcher und 9 Löcher und 18 Löcher), Spielberechtigung und Clublizenz und FFG-Lizenz oder deutsche Verbandsmitgliedschaft.

Golf des Bouleaux
238, rue de Reinigue, Wittelsheim
Tel. 03 88 55 55 07, Fax 03 89 55 40 49
9 Löcher, Lizenz und Greencard und Handicap unter 35.

Golf d'Ammerschwihr Trois-Epis
Route des Trois-Epis, Ammerschwihr
Tel. 03 89 47 17 30, Fax 03 89 47 17 77
18 Löcher und eine Kurzbahn, Lizenz und Greencard.

Golf du Rhin
Ile du Rhin, Chalampé
Tel. 03 89 26 07 86, Fax 03 89 26 27 80
18 Löcher, Lizenz und Handicap unter 35 außer an Samstagen, Sonntagen und Feiertagen.

Golf de la Largue
Chemin du Largweg, Mooslargue
Tel. 03 89 07 67 67, Fax 03 89 25 62 83
18 Löcher und ein Übungsparcours (9 Löcher), FFG-Lizenz und Handicap unter 35 oder andere Lizenz und Handicap unter 30, auf der 9-Loch-Bahn kein Handicap erforderlich.

Golf d'Alsace
Moulin de Biltzheim, Rouffach
Tel. 03 89 78 59 59, Fax 03 89 49 78 31
3 Löcher, im Sommer 18 Löcher.

Ballonfahren, Paragliden, Fliegen

Aerovision
4, rue du Hohrod, Munster
Tel. 03 89 77 22 81, Fax 03 89 77 25 70
Fahrt inkl. Weinprobe, Ballontaufe, Frühstück bzw. Snack.

171

Centre Ecole du Markstein
Châlet Le Point, Le Markstein
Tel. 03 89 82 68 54, Fax 03 89 38 22 09
Kurse im Gleitschirmfliegen, für Anfänger und Fortgeschrittene.

Aéro–Club d'Alsace
Aérodrome du Polygone, Strasbourg
Tel. 03 88 34 00 98
Rundflüge in kleinen Maschinen z. B. bis zur Haut-Koenigsbourg. Eintägige Schnupperkurse für alle, die Motorfliegen kennenlernen wollen.

Hausboot- & Motorjachtverleih

Aqua–Plaisance
3, rue des Vignes, Osthoffen
Tel. und Fax: 03 88 96 58 04

Bleu Marine
Port de Plaisance, Harskirchen
Tel. 03 88 00 93 71, Fax 03 88 00 93 56

Chemins Nautiques Alsace
Port du Canal, Schiltigheim
Tel. 03 88 81 39 39, Fax 03 88 81 35 12

Nicols
11, rue de l'Orangerie, Saverne
Tel. 03 88 91 34 80, Fax 03 88 91 33 80

Kutschfahrten

Ferme d'Winschnutzer
Molsheim
Tel. 03 88 38 55 47, Fax 03 88 49 80 51

La Ferme Heuwiller
Ebersheim
Tel. 03 88 85 70 05

Ranch du Laubenrain
Jungholtz
Tel. 03 89 74 10 30

J. Warth
Colmar
Tel. 03 89 41 52 43

Reitausflüge

Ferme équestre Le Neufeld
Oberhaslach
Tel. 03 88 50 91 48

Ferme Fjord
Obersteinbach
Tel. 03 88 09 56 84

Cavalier du Baechlé
Luttenbach (bei Munster)
Tel. 03 89 77 13 04

Wandern

Club Vosgien
16, rue Sainte Helène, Strasbourg
Tel. 03 88 32 57 96, Fax 03 88 22 04 72
Der Club hat mehr als 10 000 km Wanderwege ausgeschildert und gemeinsam mit dem IGN (Institut Géographique National) topografische Führer und Karten herausgegeben, auf denen diese Wege sowie alle Sehenswürdigkeiten an ihrem Rande verzeichnet sind.

Wandern ohne Gepäck

Bei dieser Urlaubsform, die mit oder ohne Begleitung gebucht werden kann, transportiert der Veranstalter das Gepäck von Hotel zu Hotel.

Espace Randonnée
Relais Départemental du Tourisme Rural
7, place des Meuniers, Strasbourg
Tel. 03 88 75 56 50, Fax 03 88 23 00 97

Horizons d'Alsace
7, Grand Rue, Kientzheim
Tel. 03 89 78 20 30, Fax 03 89 78 12 22

Loisirs Acceuil Haut Rhin
Colmar
Tel. 03 89 20 10 60, Fax 03 89 20 10 62

Service Loisir – Acceuil Bas Rhin
9, rue du Dôme, Strasbourg
Tel. 03 88 15 45 85, Fax 03 88 75 67 74

Rando Voges et Chaîne des Gourmet Hôtel
Restaurant La Roche des Fées, Saales
Tel. 03 88 97 70 90, Fax 03 88 97 75 16

Montagne, Passion, Itinérance
46, Petit Rambach, Sainte-Croix-aux-Mines
Tel. 03 89 58 56 40

Fahrrad und Mountainbike

Das Elsass ist ein Paradies für Radfahrer: das Radwegenetz umfasst 1200 km und ist damit das dichteste Frankreichs. Das IGN gibt speziell für Radfahrer eine Karte des Oberelsass heraus, die in den regionalen Tourismusbüros und im Buchhandel erhältlich ist.
Weitere Informationen für Radler:

Ligue d'Alsace de la FFCT (Fédération Francaise de Cyclotourisme)
2, rue de Wattwiller, Richwiller
Tel. 03 89 55 30 00

Centre VTT/FFC Massif du Lac Blanc/Vallée de Kaysersberg
344B Le Blancrupt, Orbey
Tel. 03 89 71 27 11, Fax 03 89 71 23 69
Mountainbikepraxis und Aktivitäten für jedes Niveau im Gebiet von Lac Blanc (Weißer See) und im Tal von Kaysersberg.

Centre VTT Munster
20, rue Sébastopol, Munster
Tel. 03 89 77 29 41, Fax 03 89 77 23 94
Mountainbikeverleih, Kartenmaterial, auf Wunsch auch Sprechfunkgerät. Abholdienst für Radtouren mit höher gelegenen Startplätzen. Radwandervorschläge oder Führungen (halbtags, ganztags oder an einem Wochenende).

Alain Laurent Prestations de Services Loisirs
19, rue du Printemps, Geishouse
Tel. 03 89 38 11 50, Fax 03 89 82 39 03
Materialverleih, individuelles oder begleitetes Radwandern in den Vogesen.

Radtouren ohne Gepäck

Wer das Elsass mit dem Rad kennenlernen will, aber nicht jeden Tag selbst Quartier suchen, sondern wahrlich ›unbeschwert‹ in die Pedale treten möchte, kann bei verschiedenen lokalen Veranstaltern Touren mit reservierten Unterkünften und Gepäcktransport buchen.

La Bicyclette Gourmande
4, rue de la Source, Gueberschwihr
Tel. 03 89 49 28 67, Fax 03 89 49 27 39

Locacycle, Roland Schiff
2a, rue des roses, Griesheim-Près-Molsheim
Tel. 03 88 38 71 31, Fax 03 88 38 86 65

173

Radverleih und begleitete Touren

Service de Réservation Loisir – Acceuil Bas Rhin
9, rue du Dôme, Strasbourg
Tel. 03 88 15 45 85, Fax 03 88 75 67 74
Thementouren z. B. ›Weinberge und römische Kunst‹ oder ›Klöster und Schlösser‹.

Espace Randonnée Carnet de Voyage
55, rue due Général Philippot, Ingwiller
Tel. 03 88 89 26 07, Fax 03 88 89 50 28
Geführte Radtouren in Strasbourg sowie themenbezogene und lokale Touren ohne Begleitung.

Wellness

Mulhouse (C/D 12)

Bain Municipaux Piscine Pierre et Marie Curie
7, rue P. et M. Curie
Tel. 03 89 32 69 00,
geöffnet Mo–Sa 7.45–20.30 Uhr
Jugenstilschwimmbad, das im Inneren wie ein römisches Bad angelegt ist mit Sauna, Dampfbad, Massage.

Strasbourg (E/F 5)

Bains Municipaux
10, Boulevard de la Victoire
Tel. 03 88 35 51 56, Öffnungszeiten wechselnd (am besten anrufen!)
Jugenstilschwimmbad mit schönen römischen Bädern und Sauna.

Kochkurse

Hunspach (G 1)

Office du Tourisme
Tel. 03 88 80 59 39, Fax 03 88 80 41 46
Im Juli und August gcbcn Privatpersonen Einblick in die Geheimnisse der elsässischen Küche. Während der anderen Monate im Jahr können diese Kochkurse auf Wunsch für kleinere Gruppen organisiert werden.

Lembach (F 1)

Auberge du Cheval Blanc
21, route de Wissembourg
Tel. 03 88 94 41 86, Fax 03 88 94 20 74
Zwei Gault Millaut-Sterne glänzen über der Küche von Vater und Sohn Mischler – wer hier einen Kochkurs bucht, lernt die Kunst der Grande Cuisine.

Niedersteinbach (E 1)

Auberge du Cheval Blanc
27, route de Bitche
Tel. 03 88 09 55 31, Fax 03 88 09 50 24
Michel Zinck führt in seinem Hotel-Restaurant in die Speisenwelt des Elsass ein.

Obersteinbach (E 1)

Hotel Restaurant Alsace Village
49, rue Principale
Tel. 03 88 09 50 59, Fax 03 88 09 53 56
Jean und Christelle Zereafa-Ullmann betreiben eines der ersten Ökohotels in Frankreich. Das Ambiente ist sehr rustikal, ein üppiger Kräutergarten liegt hinter dem Haus.

Rhinau (E 7)

Au Vieu Couvent
6, rue des Chanoines
Tel. 03 88 74 61 15
Monsieur Albrecht veranstaltet regelmäßig Kochkurse zur verschiedenen Themen.

Ungersheim (C 10)

L'Ecomusée d'Alsace
Tel. 03 89 74 44 95, 03 89 74 44 54,
Fax 03 89 74 44 68, 03 89 48 15 30
Zu verschiedenen Terminen werden in dem Museumsdorf Koch- und Backkurse angeboten.

Weinseminare

Colmar (C/D 9)

CIVA– Conseil Interprofessionel des Vins d'Alsace
Tel. 03 89 20 16 20, Fax 03 89 20 16 30
E-Mail: civa@civa.fr
Der Elsässische Weinrat organisiert regelmäßig Wochenendseminare zu verschiedenen Themen in Zusammenhang mit dem elsässischen Wein.

Molsheim (D 5)

L'Ami Sommelier
12, place de l'Hotel de Ville
Tel. 03 88 38 20 20
Noel Panoussian führt jeden letzten Donnerstag im Monat in die Kunst des Weinverkostens ein.

Spezialveranstalter

stb-reisen
Platter Str. 87
65232 Taunusstein
Tel. 0 61 28/98 25 13, Fax 98 25 15
E-Mail: stb-reisen@t-online.de
www.stb-reisen.com
Koch- und Kreativ-Aufenthalte (Holzmalerei, Rosenkunde).

Frantour – FTS GmbH
Friedrich-Ebert-Anlage 38
62325 Frankfurt am Main
Tel. 0 69/97 40 32 16, Fax 97 40 32 50
E-Mail: k.burchardt@frantour.de
Gourmetwochenenden in Strasbourg.

Locaboat Plaisance GmbH
Ludwigstraße 1
79104 Freiburg
Tel. 07 61/2 07 37 37, Fax 2 07 37 73
E-Mail: info@locaboat.de
www.locaboat.de
Hausbootwochen im Elsass, von Lutzelbourg über Saverne bis Strasbourg.

Reiseservice

Anreise und Ankunft

Das Gros der Elsass-Reisenden kommt mit dem eigenen Auto. Wer mit dem Flugzeug anreisen möchte, kann von verschiedenen Städten in Deutschland, Österreich und der Schweiz nach Strasbourg und Basel/Mulhouse fliegen. Beide Flughäfen bieten Busshuttles in die Zentren; der Transfer dauert jeweils circa 30 Minuten. Es gibt Direktverbindungen mit Berlin, Dresden, Düsseldorf, Frankfurt, Hamburg, Hannover, Leipzig, München, Wien und Zürich. Colmar verfügt mit Houssen über einen Geschäftsflughafen. Per Bahn lässt sich das Elsass ebenfalls recht gut erreichen – es gibt Direktverbindungen zwischen Strasbourg und Frankfurt (ca. 3 Std.), München (ca. 4 Std) und Stuttgart (ca. 2 Std). Von Köln dauert die Fahrt mit Umsteigen ca. 4 Stunden, von Hamburg und Berlin jedoch mehr als 6 Stunden. Das Elsass selbst verfügt über ein ausgezeichnetes Schienennetz mit mehr als 160 Bahnstationen. Zwischen Strasbourg und Mulhouse verkehrt der Hochgeschwindigkeitszug TER, der den Reisenden in 50 Minuten von einer Stadt zur anderen bringt.

Einreise

Auch Bürger aus EU-Staaten benötigen einen gültigen Personalausweis oder Reisepass, für Nicht-EU-Bürger ist der Reisepass Pflicht – und unter bestimmten Umständen ein Visum erforderlich. Zum Autofahren genügt der nationale oder der EU-Führerschein. Für den Wagen sollte man die grüne Versicherungskarte dabei haben.

Offizielle Feiertage

1. Januar (Neujahrstag)
Ostermontag
8. Mai (Waffenstillstand 1945)
Christi Himmelfahrt
Pfingstmontag
14. Juli (Nationalfeiertag)
15. August
1. November
11. November (Waffenstillstand 1918)
25. Dezember

Information

Mehr als 60 Orte des Elsass verfügen über ein eigenes Fremdenverkehrsamt. Im Winter sind jedoch viele, vor allem in den kleineren Gemeinden, geschlossen oder lediglich ein paar Stunden pro Woche geöffnet. Touristenauskunft in Strasbourg: 17, Place de la Cathédrale, Tel. 03 88 52 28 22 sowie am Bahnhof 03 88 32 51 49 und unter www.mairie-strasbourg.fr, Colmar: 4, rue des Unterlinden, Tel. 03 89 29 68 82, Mulhouse: 9, avenue Foch, Tel. 03 89 35 48 48.

Verkehrsregeln

Innerhalb geschlossener Ortschaften beträgt die Höchstgeschwindigkeit 50 km/h, auf Landstrassen 90 km/h. Sind sie vierspurig ausgebaut, darf man 110 km/h fahren, auf Autobahnen sind maximal 130 km/h erlaubt. Die Promillegrenze liegt bei 0,5. Es besteht Gurtpflicht.

Register

Abbildungsnachweis

Manfred Linke/laif, Köln   Umschlagabbildung oben und unten
Hedda Eid/laif, München   Umschlagabbildung Mitte

Alle anderen Abbildungen von **Willy G. M. C. Van Sompel,** Madeira, Portugal

Kartografie: © DuMont Reiseverlag, Köln

Grafisches Konzept: Groschwitz, Hamburg
© DuMont Reiseverlag, Köln
2. Auflage 2002
Alle Rechte vorbehalten
Druck: Rasch, Bramsche
Buchbinderische Verarbeitung: Bramscher Buchbinder Betriebe

Printed in Germany   ISBN 3-7701-5478-9